Kants politische Philosophie

カントの政治哲学入門

政治における理念とは何か

網谷壮介
Amitani Sosuke

白澤社

はじめに――カントの政治哲学の意義

政治は理念を必要とする

政治の世界から理念が失われて久しい。東西冷戦終結後、イデオロギーの終焉が喧伝されたが、それと同時に、政治はどのような理念を目指し、どのような理念にもとづいてなされるべきなのか、ということも忘れ去られたかのようである。実際、世界中どこを見渡しても、理念はたいそう分が悪い。ヨーロッパが難民問題に直面する以前から、すでに人権の理念を掲げる人々には「人権派」という蔑称が与えられてきたし、人権の停止さえ要求する緊急事態法も盛んに取り沙汰されている。「ヨーロッパの統合」という理念も、黒人としてはじめてアメリカ大統領になった人物が掲げた「核なき世界」という理念も、あるいは、当初は戦勝国による統治の一環であったとはいえ、戦後の日本を規定し続けた平和憲法の理念も、すべてが揺るがせになりつつある。

こうした状況だからこそ、政治における理念とは何か、根本的に考え直してみる必要があるだろう。理念を欠いた政治は方向性を失い、むき出しの権力に堕してしまう。現実を見ない政治は空虚だが、理念を欠いた政治は迷走する。人権の標語を掲げていれば政治が言うことを聞くなどという、楽観的な時代は過ぎ去った。今や、なぜ人間は生まれながらに尊重されるべき権利を持つというのか（そんなものはない）と、修辞的に問い返される時代である。人間は社会の中でどのようであれば自由なのか、平等なのか。国家は個人に対してどう振る舞うべきなのか。政治はいかなる理念にしたがってなされるべきなのか。こうした理念をめぐる問いに真剣に向き合わなければ、人権も自由も平等も、単なるお題目と揶揄されて終わってしまいかねない。

こうした状況を深刻に捉える人にとって、一八世紀末のドイツに生きたイマヌエル・カントの著作は、格好の手引きを与えてくれるだろう。カントが政治的著作を公表したのは、フランス革命の時代であった。しかし、隣国フランスで「人間と市民の権利の宣言」を掲げて始められた革命は、ドイツにおいては、ほとんど否定的な出来事として拒絶された。人間の権利という理念は、暴動や混乱を引き起こすものでしかない。政治に理念は不要である。このように盛んに喧伝されたのである。こうした逆風の中、カントは政治における理念の重要性を倦むことなく語り続けた。

確かに、政治の世界ではリアリスティックであることが重要である。しかしリアリズムに浸っているだけでは、政治は何を目指せばよいのか、政治の目的は何なのか、そうした問いに答えは出せない。「実行すべき政策はそれではなくこれだ」と言えるためには、その「べき」が何かによって正当化されていなくてはならないはずだ。「べき」を正当化するものは一般に、規範と呼ばれる。何らかの規範があるからこそ、「それではなくこれを実行すべきだ」という判断を下すことができる。私たちが政治に対して問うべきなのは、その規範が妥当なものなのかどうかということなのだ。

カントは、政治の根本的な規範は経験的な知識から得られたものであってはならない、と考えていた。後で見るように、経験から独立して、ただ理性のみによって考え出されたものをカントは理念（Idee）と呼んだ。現実や経験をまったく考慮しないで、政治がなすべきことを、あるいは、あるべき国家体制の姿を、純粋な思考のみによって導きだそうとしたのである。そんなことが可能なのかと思うかもしれない。しかしむしろ、現実や経験だけを見ていたのでは、「べき」が本当に妥当なものなのかは判断できない。確かに政治には状況判断が大事である。ある情勢下ではこんな政策がいいだろう、また別の情勢下ではあんな政策がいいだろう。このようにその時々で別々の判断が出てくるのは当たり前だ。しかし、何のためにその政策が実行されるべきなのかという根本的な規範は、現実の状況から一旦離れたところでなくては考察できないし、その妥当性も判断できない。

それだけではない。政治とは権力の行使である。人々は政治が決定したことにしたがって暮らす。だとすれば、政治家はよく「信念」という言葉を使うが、その信念が単にその政治家だけが正しいと考えるものであってはならないだろう。そのような個人的な信念から政治が行なわれるとすれば、人々は自分たちが正しいとは思わないものを強制されることになってしまう。政治の規範は、単にその政治家にだけ、あるいは一部の人々にだけ正しいと思われるものであってはならないのだ。そこで必要になるのが、やはり経験から独立して考えるということ、すなわち理念から考えるということである。自分にだけ、あるいは一部の人にだけ正しいと思われることは、個人の経験的な好みや思い込みにすぎない。いつどこの誰にでも受け入れられる正しさを考えるには、経験を超えた理念の領域に踏み込まなければならない。

カントは政治には理念が無くてはならず、その理念とは自由にほかならないと考えていた。カントにとって政治の規範は、「万人の自由の両立」という理念であり、政治とはこの理念に向けて絶えず改革を進めていく実践である。こうした政治のあり方を、カントは「共和主義」と呼んだ。本書では、政治における自由の理念について根本的に考察した政治哲学者としてカントを取り上げ、その共和主義とは何かを明らかにする。確かに、カントの古典的著作は、現代の政治の問題を直接解決してくれるというわけではない。しかしそれは、政治は理念とどう向き合うべきか、政治における自由とは何かといった事柄について、根本的に考え直す材料を与えてくれるだろう。本書は、政治における自由の理念の重要さを語り続けたカントの政治哲学を、最新の研究成果を盛り込みながら、平明に説きおこしてみたい。

カントの批判哲学

一七二四年、プロイセン王国北東の港街ケーニヒスベルク（現在のロシア領カリーニングラード）に生まれたカントは、その街から生涯一歩も出ることなく、近代哲学の基礎を打ち立てた。『純粋理性批判』（一七八一）、『実践理性批判』（一七八八）、『判断力批判』（一七九〇）からなる「三批判書」を世に問い、それまでの哲学を刷新したのである。三批判書はそれぞれ、伝統的に哲学の対象とされてきた、真・善・美の領域におおむね対応している。

三つの批判書からなる哲学の体系は、「批判哲学」と呼ばれている。その際、「批判 Kritik」には、特別な意味合いが込められている。「批判」とは、理性によって人間の認識能力を徹底的に検討・吟味し、その可能性と限界を見極めることを言うのだ。カントによれば、人間には理性・悟性・感性・判断力という、四種類の認識能力がある。これらの能力が本領を発揮する場所を見つけ、その能力が別の場所に越権することがないよう、限界を確定しようとするのが、批判哲学の役割である。かなり大雑把に言おう。『純粋理性批判』は感性と悟性によって経験的認識が成立するということ、そして、理性は経験的認識には関与できないということを明らかにした。理性がむしろ本領を発揮するのは、経験によって左右されてはならない領域、すなわち道徳の領域である。『実践理性批判』は道徳の根本にあるのが人間の理性であるということ、そして、理性が打ち立てる道徳法則に自らの意志をしたがわせることにこそ、人間の自由があるということを主張した。さらに、『判断力批判』は人間が何かを美しいと感じたり、自然を観察する際の、判断力のメカニズムを考察している。

批判哲学の大きな特徴は、経験の領域とそうでない

領域を分離するということにある。理性は経験には関与できない代わりに、経験を超えた理念を生み出すことができる。理性と感性・悟性が分離されるとともに、理念と経験が分離される。経験的な知識の中に、経験を超越した理念が入り込んではならないし、理念の領域に経験的な知識が混じってはならない。このような分離のことを、カントは批判と呼んでいる。批判の方法にもとづいて、カントは一方で自然科学の基礎を、他方で道徳哲学の基礎を打ち立てようとした。アリストテレス以来の伝統にしたがって、前者は理論哲学、後者は実践哲学と呼ばれる。

理論哲学の役割は、経験的な自然科学の領域から、人間には認識できない神や霊魂といった形而上学なものを排除し、自然科学の知を確固たるものにすることにある。他方、実践哲学の役割は、道徳の領域から経験的認識を排除して、真に普遍的な道徳法則を打ち立てることである。時と場合に応じて、あるいは時代や社会によって、善かったり善くなかったりするものは、真の道徳とは言えないだろう。真の道徳はむしろ、時代や場所、状況といった経験から独立して、導き出されなければならない。理性は経験的認識には関与できないが、しかしそれゆえにこそ経験からの独立が必要とされる道徳の基礎を打ち立てることができると、カントは考えたのである。

無視されてきた政治哲学

カントの政治哲学は、こうした批判哲学の方法にもとづいて構想されている。最初にカントの政治哲学がまとまった形で提示されたのは、三批判書の完成後、一七九三年に出版された「理論では正しいかもしれないが実践の役には立たない、という俗言について」という論文においてである。すでにカントは六九歳であった。しかし、これ以後五年間のうちに、『永遠平和のために』（一七九五）、『人倫の形而上学・第一部・法論の形而上学的定礎』（一七九七、以下『法論』）、『諸学部の争い』（一七九八）と、次々と政治哲学の書物が世に問われた。つまり、これらの政治哲学的著作は、一八〇四年に没することになる哲学者の晩年の仕事の大きな部分を占めているのである。

にもかかわらず、政治哲学的書物は歴史的に見て正当な評価を得てきたわけではない。少なくとも、三批判書に比べてそう言える。その研究が飛躍的に進んだのは、一九八〇年代以後だと言っても過言ではない。確かに、カントの政治哲学に関しては、一九七〇年代前後に、現代の代表的な政治哲学者であるハンナ・アーレントやジョン・ロールズが論じている。しかし、彼らはいずれもカントの政治哲学的著作以外から、インスピレーションを得ていた。ロールズは『正義論』（一九七一）の中で、カントの定言命法を清新な仕方で再解釈し、正義の原理の導出のために用いたが、その際には『人倫の形而上学の基礎づけ』（一七八五）や『実践理性批判』といった道徳哲学の著作が参照されている。アーレントはカントの政治哲学について講義を行なったが、それは『判断力批判』の再解釈であった。

日本でカントの政治哲学的著作として最も有名なものは、『永遠平和のために』であろう。確かにそれは国連の思想的土台となったと言われているし、日本では憲法第九条との関連を云々する人もいるほどである。本書もまた国際平和の思想を扱うが、カントの政治哲学の重要性はそれだけに尽きない。特に本書では、カントの法哲学上の主著である『法論』を取り上げて、踏み込んだ読解を行ないたい。この著作は、デカンショ節の中でカントと列席していたアルトゥール・ショーペンハウアーが、老衰の産物だと罵倒して以来、長らく無視されてきた。[1] 確かに、そう言いたくなる気持ちも分かるくらいには、難解な本である。しかし一九八〇年代以降、ラインハルト・ブラントやヴォルフガング・ケアスティングらを中心に、『法論』を批判哲学と整合的に読む研究が進展してきた。[2] この著作で、カントは批判のプロジェクトを、法・政治の分野にまで拡大させている。実際、『法論』に触れなければ、カントの政治思想の全体像・体系性を理解したことにはならないだろう。カントはそこで、人間の自由を基礎として、どのような国家であれ目指さねばならない、理念的な法と政治のあり方を論じているのだ。

カントは、すべての人の自由が両立する国家こそが正義に適っているとし、そうした国家のあり方を共和制（Republik）と呼んだ。共和制においては、すべての人が、自らの合意した法律以外にはしたがわないという自由、政治的な自律を享受する。こうした「万人の自由の両立」というアイデアは、どんな経験的認識にも依拠せずに、理性だけの力によって導出された、純粋な理念である。そのためこの理念は、特定の時代や文化、社会に縛られない、普遍的な政治の規範となるとカントは考えた。これはまさに批判哲学による政治哲学の試みである。さらにカントはこうした自由の理念にしたがって、国家間の関係、すなわち国際平和の問題をも考察している。一国内の人々が自由であろうとしても、他国の脅威がその自由を破壊してしまうかもしれない。地球上のすべての人の自由が両立する世界秩序はどのようなものか。万人の自由の両立という理念は、国内においては共和制、対外的には国際連合へと結実する。こうした理念にしたがって、その理念の実現を目指して行なわれる政治を、カントは共和主義と呼ぶのである。

本書の特徴

ブラントやケアスティングの研究を皮切りに、今や世界的に、カント政治哲学ルネサンスとでも呼ぶべき研究状況にある。だが日本では、そもそも『法論』自体が手に入りにくく（二〇一七年十一月末時点で、岩波版全集は未増刷である）、海外の最新のカント政治哲学研究にもアクセスしづらい状態が続いている。そこで本書は、『法論』を実際に図書館などで手にとって読み進めていくための導入として、カント政治哲学の全体像をできるだけ平明に語り起こそうと努めた。

とはいえカントは難しい。カントのドイツ語は、ドイツ人でさえ頭を抱えるほどの難文だとは、よく言われることである。ドイツ語として理解できたとしても、さらに二つの難解さが待ち受けている。第一に、カント自身の論理展開や用語法は、カントのことをあまり知らない人にとって、かなりのハードルとなるだろう。カントの政治哲学は、批判哲学の体系のもとにあり、その用語系を使って記述されている。そのため本書では、カントの批判哲学を必要な限りで解説し、政治的著作がそれ自体でリーダブルなものになるように努めた。

こうしたカント哲学に内在的な読みにくさに加えて、もう一つ困難がある。それは、カントの著作がかなりの程度、一八世紀末のドイツの政治社会を意識して書かれているという点である。古典的と呼ばれる著作が執筆・発表された時代は、現代からは遠く離れた過去の世界である。確かにカントは、いつの時代でも、どのような社会でも妥当する、普遍性のある法や政治の理論を彫琢しようとしていた。しかしカントはまた、同時代のプロイセンの公衆や統治者といった読者を明白に意識して、政治的著作を執筆してもいる。そのため本書では、一八世紀末のプロイセンが置かれていた政治的・社会的文脈に目を配っている。確かに歴史的文脈を知らなくてもカントの政治的著作を読むことは可能だろう。しかし本書は、そうした文脈を知ることでよりいっそうカントを面白く読むことができるという立場を取っている。また本書では、ホッブズやロック、ルソーといった政治哲学の学説史の中にカントを位置づけることも試みた。カント政治哲学の何が革新的だったのかを理解するためには、そうした作業が不可欠だろう。

簡潔に言えば、本書はカントの政治哲学を内在的に理解しようとするだけでなく、それを歴史的な文脈を背景にして理解しようとするものでもある。まずカントの自由についての考え方を理解し、彼の社会契約論がいかに特異なものかを明らかにした後、国内政治と国際政治を順に見ていこう。人間に生まれつき認められる自由の権利の洞察（第一章）から、自然状態の記述（第二章）を経て、万人の自由が両立する共和制へ（第三章）、そしてその自由が世界規模で達成される平和の構築へ（第四章）、カントの政治哲学の拡がりを追っていきたい。

〈注〉

（1）「私にはカントの法論全体が、互いに引き付け合う誤謬が奇妙な仕方で編み合わされたものとして、彼の老衰からのみ〔…〕説明可能だと思える」。これは直接は（本書第二章で論じる）所有権論に向けられている。Arthur Schopenhauer, *Die Welt als Wille und Vorstellung*, Leipzig: Brockhaus, 1819, 483.（斎藤他訳『ショーペンハウアー全集３ 意志と表象としての世界 正編(II)』白水社、一九七三年、二八一頁、訳文は網谷による）付言すれば、デカンショ節とは一説によれば、旧制高校時代の学生が、デカルト・カント・ショーペンハウアーの頭文字を取って作った囃子である（現在は俗説として否定されている。丹波篠山デカンショ祭公式ホームページ http://dekansho.jp/about/index.html、二〇一七年九月九日閲覧）。

（2）Reinhard Brandt, Das Erlaubnisgesetz, oder: Vernunft und Geschichte in Kants Rechtslehre, in ders (Hg.), *Rechtsphilosophie der Aufklärung: Symposium Wolfenbüttel 1981*, Berlin: de Gruyter, 1982, 233-285. ヴォルフガング・ケアスティング、舟場保之・寺田俊郎監訳『自由の秩序——カントの法および国家の哲学』ミネルヴァ書房、二〇一三年。また、法論の注釈書として、Bernd Ludwig, *Kants Rechtslehre*, Hamburg: F. Mainer, 1988. Otfried Höffe (Hg.), *Immanuel Kant. Metaphysische Anfangsgründe der Rechtslehre*, Berlin: Akademie Verlag, 1999. Sharon Byrd and Joachim Hruschka, *Kant's Doctrine of Right: A Commentary*, Cambridge: Cambridge UP, 2010. Lara Denis (ed.), *Kant's Metaphysics of Morals. A Critical Guide*, Cambridge: Cambridge UP, 2010.『法論』解釈の近年の展開として、Mark Timmons (ed.), *Kant's Metaphysics of Morals. Interpretative Essays*, New York: Oxford UP, 2002. Karl Ameriks et. al. (eds.), *Kant's Moral and Legal Philosophy*, Cambridge: Cambridge UP, 2009. 三島淑臣『理性法思想の成立——カント法哲学とその周辺』成文堂、一九九八年。雑誌 *Jahrbuch für Recht und Ethik*, Belin: Duncker & Humblot, 1993- には、カントの法・政治哲学関係の論文がよく掲載される。

凡例

一、イマヌエル・カントの著作からの引用は、アカデミー版全集（*Kants Gesammelte Schriften*, hg. von Königlich Preußische Akademie der Wissenschaften, 1902-）の巻数・ページ数を文中に表記する。

一、その際、頻繁に引用する以下の著作については略記を用いた。「理論と実践」（「理論では正しいかもしれないが実践の役には立たない、という俗言について」）、『永遠平和』（『永遠平和のために』）、『法論』（『人倫の形而上学・第一部・法論の形而上学的定礎』）。例えば、『永遠平和のために』全集八巻三四〇頁なら（『永遠平和』8:340）。また煩雑になるため、原典にある強調は省いた。〔　〕内は網谷による補足である。

一、翻訳は岩波書店版全集を参考にしたが、すべて拙訳による。

一、参考文献は、邦訳があるものはそれを優先して挙げた。

カント主要著作年表

一七八一年　『純粋理性批判』第一版
一七八三年　『プロレゴメナ』
一七八四年　「世界市民的見地における普遍史の理念」、「啓蒙とは何か」
一七八五年　『人倫の形而上学の基礎づけ』
一七八七年　『純粋理性批判』第二版
一七八八年　『実践理性批判』
一七九〇年　『判断力批判』
一七九三年　『単なる理性の限界内での宗教』、「理論では正しいかもしれないが実践の役には立たない、という俗言について」
一七九五年　『永遠平和のために』
一七九七年　『人倫の形而上学』(「第一部　法論の形而上学的定礎」「第二部　徳論の形而上学的定礎」)
一七九八年　『諸学部の争い』、『実用的見地における人間学』

カントの政治哲学入門——政治における理念とは何か◉目次

カントの政治哲学入門――政治における理念とは何か◉目次

第二章　社会契約論――国家の設立は義務である――67

第三章　共和主義の理念と制度　109

第四章　永遠平和のために——国際法と世界市民法　163

第一章

自由の権利

——法のもとでの自由とは何か

理論では正しいかもしれないが、実践の役には立たない？

カントの最初の政治的論考は「理論では正しいかもしれないが実践の役には立たない、という俗言について」という長いタイトルを付されて、一七九三年、雑誌『ベルリン月報』に発表された（以下『理論と実践』）。この論考は、同時代の論壇を明確に意識して書かれたものである。実際、タイトルにあるような俗言は、まさに雑誌上でたびたび主張されていたものだった。『ベルリン月報』は、ベルリンの啓蒙的知識人の間で定評のある雑誌であり、カントもたびたび論考を掲載していた。

一七八九年にフランス革命が勃発すると、専制の打破としてドイツの人々も最初は大いに歓迎した。しかし九一年に「人間と市民の権利の宣言」が発布されるや、それをめぐって大いに議論が紛糾する。いや、紛糾するというよりも、「権利宣言」に対する批判が堰を切ったように溢れ出たと言ったほうがいいだろう。人間の権利といったものは哲学理論にすぎない。そんな抽象的な理論を国家の土台にし、貴族と平民の地位を平等にし、すべての人に自由を与えるなどということがあっていいのか――。プロイセンは身分制を備えた君主国であった。フランス革命の人権宣言は、プロイセンの政治・社会体制の否定に映ったのである。[1]

『ベルリン月報』上では例えば、保守派の政治評論家ユストゥス・メーザー（一七二〇―九四）が、フランス革命の人権理論批判に大いに健筆を振るっていた。[2] メーザーによれば、ヨーロッパでは歴史的に、土地所有者（貴族・聖職者）だけが国家の成員として認められてきた。土地を持たざる者（第三身分）が同じ権利を享受することは、歴史的慣習の破壊にほかならない。フランスのように、第三身分が多数決でこれまでの体制を廃止し、新憲法によって第一・第二身分と同じ権利を取得したことは、あきらかな詐欺だというのである。

あるいは、『ベルリン月報』の編集者ヨハン・エーリッヒ・ビースター（一七四九―一八一六）によれば、そもそも人間の権利や自然権は形而上学的思弁であり、経験においては証明不可能なものである。[3] しかし、フランス革命ではそれが憲法にまで祭り上げられてしまった。社会の歴史や伝統を哲学理論が根こそぎ破壊してしまうなら、国家は大混乱に陥るだろう。人間の権利は理論では正しいかもしれないが、政治の実践にとって役に立たないどころか、むしろ有害である。こうした主張は、国王の処刑とジャコバン独裁へ続く革命の過激化を前に、大いに力づけられもした。[4]

こうした知識人の言論だけでなく、現実のプロイセン政治もフランス革命に直面し、保守化の傾向を強めていた。プロイセンでは一八世紀初頭から、法・政治改革が続けられていたが、革命を機縁にそれが大いに停滞したのである。代表的な改革として、啓蒙君主として知られたフリードリヒ大王（一七一二―八六）が行なった、「プロイセン一般法典」の編纂が挙げられる。それまでは、プロイセン領内に統一的な法典がなく、各地方ごとの慣習によって司法手続きが行なわれていた。法典編纂は、こうしたバラバラの法秩序の統一を意味した。これに加えて、「一般法典」は立憲主義的な規定を持つものでもあった。大王は法典編纂にあたって、理性と自然法を重んじることを命じ、自らの立法権の一部を専門家集団に委ね、それを制限しようとしたのである。宗教・言論の自由に関する規定も、不十分ながら法典に書き加えられていた。

しかし、大王が一七八六年に没すると雲行きが変わる。「一般法典」は九一年三月に一旦交付されるが、九二年四月には次代のフリードリヒ・ヴィルヘルム二世（一七四四－九七）によって、効力が無期限停止される。隣国の革命を前に、その比較的進歩的な内容が危険視されたのである。そうでなくともこの国王は、宗教と言論の統制を強化する勅令を発布するなど、少なくとも先代と比べて啓蒙的ではなかった。カントの宗教論も検閲に引っかかり、出版中止の憂き目にあった。統一法典は九四年にようやく「プロイセン一般ラント法」として発布されるが、「一般法典」にあった君主権の制約や、言論・宗教の自由など先進的な部分は削除され、貴族の特権についてはより明確に規定された(5)。

このように、言論のレベルでも政治のレベルでも、プロイセン社会は保守化していた。「啓蒙とは何か」（一七八四）という小論の中でカントは、現代はあらゆるものが公的な言論の対象となり、批判に開かれた啓蒙の時代であると語ったが、彼が初めて「理論と実践」で自らの政治哲学を開陳するにいたったときには、その時代はすでに過ぎ去っていた。しかし、まさにこうしたプロイセンの状況に対して、「理論と実践」は応答しようとするものでもある。そこでカントは、人間の自由の権利を完全に保障する国家こそが目指されるべきだと主張した。自由の権利は政治実践の場における根本的な規範でなければならない。人間の権利は理論では正しいが実践の役には立たないし有害だと喧伝する『ベルリン月報』の議論に、カントは強く反論する。当時プロイセンは、経済発展によって教養市民層が成立しつつあった。一八世紀最後の四半世紀には、識字率が二五パーセントに達したとの試算もある。(6) 出版物の数も爆発的に伸びた。『ベルリン月報』は、大学関係者や著述家だけでなく、官僚や医者、軍隊の幹部、商人など幅広い読者層に開かれていた。カントは、こうした公衆の世論に訴えかけ、プロイセンの政治に間接的に影響を与えようとしたのである。

だが規範的な国家の理論は、哲学者の頭の中で練られたものである。どうしてそんなものが政治実践の場で尊重されなければならないのか。現場を知らない哲学者の言うことを、どうして政治家が聞かなければならないのか。カントの答えは明快である。すなわち、国家の理論は実践的な義務の理論だからである。確かに、哲学者は理性から抽象的な理論を組み立てるだろう。経験を度外視した理性の理論に依拠したところで、実践はうまくいかないかもしれない。しかし、その理論が義務について語っているのであれば、話は別である。義務とは「これこれをなせ」という命令である。失敗しそうだから義務を果たさないというのは、単なる言い訳だ。つまり、国家の理論は何らかの義務を含んでいるからこそ、その実践が有無を言わさぬ政治の役割となるというのである。そして、その義務をカントは万人の自由の両立を可能にする国家の実現として、提示した。

「理論と実践」は三部構成になっており、政治哲学に関係するのは第二部「国法における理論と実践の関係について〔ホッブズへの反論〕」である。ホッブズへの反論という体裁ではあるが、内容としてはフランス革命の人権宣言を擁護し、国家を司る法、すなわち国法のあるべき姿を提示することで、『ベルリン月報』の議論に反論しようとしている。第二部の末尾には、身分制と君主制をヨーロッパ社会の歴史的慣習として擁護し、人権理論を攻撃する人らを念頭に置いた、鋭い分析がある。

純粋理性の原理をすべて無視した実践が、最も不遜に理論を非難するのは、良き国家体制のためには何が必要なのかという問題においてである。その理由はこうだ。ある法的体制〔国家〕が長期間存続していると、これまではすべてが平穏に進行してきたその状態を基準にして自分たちの幸福と権利について判断するという規則に、人民は次第に慣れていく。反対に、理性を通じて与えられる幸福と権利の概念を基準にして、これまでの状態を評価するということをしなくなる。そしてむしろ、より良い状態を求めるという危険に満ちた状況よりも、受動的であったとしても、そうした〔これまでの〕状態の方をいつも好むようになるのである〔…〕。たとえ欠陥があろうとも、十分長く存続している体制ならば〔…〕人民は現行体制に満足してしまう。それゆえに、国民の幸福に配慮するならば、本来いかなる理論も通用せず、すべては経験にしたがう実践次第だということになる。(「理論と実践」8:305f.)

ここでカントは、既存の国家を歴史的慣習として擁護する、保守派の欺瞞を暴き出している。彼らは、人民が満足しているのだからいかなる改革も不要であり、またより良い国家の理論なども必要ではない、役に立たないと主張する。しかしカントによれば、人民が満足しているがゆえに現行体制が長続きしているわけではない。実際には、現行の国家が長く続いているために、人民は、言わばそれに受動的に満足せざるをえなくなっているだけである。保守派の議論は因果関係を不当に逆転させて、マッチポンプを作っているのだ。

カントの「理論と実践」は、そして『永遠平和のために』や『法論』は、こうした人権理論への非難に対して、強力に反駁しようとするものである。カントはこれらの政治的著作で、人間には生まれながらに自由の権利があるということを証明し、プロイセンの現行体制を批判する。より良い国家の理論は、あらゆる政治が目指すべき義務として提示されている。それは言い換えれば、万人の自由が両立する共和制を実現する義務である。経験から独立して、理性の理念にしたがって考えることで、カントの政治哲学がどこまでたどり着けるのか、本書ではそれを検討していこう。

まず本章では、カントがどのような自由を構想していたのか検討する。「理論と実践」の四年後、一七九七年に発表された『人倫の形而上学』では、政治における自由について根本的な考察が展開されている。この著作は、第一部が「法論の形而上学的定礎」（以下『法論』）、第二部が「徳論の形而上学的定礎」として、同じ年に発表された。『法論』では、法的・政治的な自由の概念が体系的に記述されている。それは、共和主義的な自由と呼ぶべきものであり、カントの政治哲学の全体系は、この自由の権利を土台にして成立している。

『人倫の形而上学』の「人倫 Sitte」とは、馴染みのない言葉かもしれない。それは語源的には習俗や慣習の意味を持ち、平たく言えば、善き振る舞いを指す語だと言える。それゆえ、旧来、日本語では道徳とも訳されることがあった。人倫の形而上学は、こうした善き振る舞いの根本的な原理の解明を目的としている。カントはすでに一七八〇年代に、『人倫の形而上学の基礎づけ』(一七八五年、以下『基礎づけ』)と『実践理性批判』という実践哲学の書物を発表していた。そこでは理性が道徳法則(定言命法)を作り出す能力を持つということが明らかにされるとともに、理性的な存在者としての人間の自由の証明が試みられている。これは言わば、実践哲学の基礎中の基礎である。それにもとづいて、九七年の『人倫の形而上学』では、実践哲学の下位区分として法論と徳論が区別されている。とりわけ法論は、理性の道徳的能力を前提として、あるべき法とはどのようなものか、法のもとでの自由とは何か、根本的な探求を行なっている。

法のもとでの自由について考察する前に、やはりどうしてもカントの認識論・道徳論の基本的な線をおさえておかなければならないだろう。以下では、極めて簡単にカントの批判哲学の基本的な図式を確認し、『基礎づけ』にしたがって道徳哲学の概要を見る。その後、『法論』の自由論について検討していきたい。

理性が本領を発揮するところ

先ほど、「理性的な存在者としての人間」という表現を用いたが、カントは人間の理性の能力を非常に高く評価していた。しかし、それは従来の哲学的な評価の仕方とは異なるものである。

カント以前には、人間の認識能力をめぐる二つの相反する評価があった。一方で、人間そのものは言わば白紙であって、そこに感覚的なデータを書き込んでいくことでしか認識は生まれない、とする立場があった。経験論と呼ばれるこうした立場にとって、人間の認識はその都度の感覚的データ（経験）に左右されるため、絶対確実のものではありえない。他方、経験は確かに不確実なものだとしても、人間の理性は経験を超えたもの——神や人間の不死なる魂——を認識できるとする立場があった。合理論と呼ばれるこの立場にとって、人間は理性を通じて、明証的で絶対確実な認識に至ることができる。このように、認識にとって経験こそがすべてだとする立場と、理性こそがすべてだとする立場が争っていたのである。

カントはこうした対立の見方自体を転換させた（「コペルニクス的転回」と呼ばれる）。カントによれば、人間の認識は、感性を通じて得られる直観を、論理的な思考能力である悟性が整理することで生まれる。これではいかにも堅苦しいので、次のように言い換えておこう。人間は感性というフィルターを通して、自分の外側にある物からデータ（直観）を受け取り、それを悟性によって整理することで、その物を認識する。

感性とは、物から触発されて、物のデータを受け取る能力のことである。人間の感性は、時間と空間というフィルターを備えており、感性を通じて受け取ったデータには、必ず時間軸上・空間軸上の情報が含まれている。他方、分かりにくいのは悟性（Verstand）である。これはカントを読もうとする人にとっていつも躓きの石となるものだが、Verstandとは「理解する」という意味のドイツ語verstehenから派生した名詞である。さほど難しく考えずに、ここではとりあえず理解する能力のことだと思っておけばいい。実際、カントにおいて悟性は「AはBである」や「AがBならば、CはDだ」といった文を作る論理的能力を指している。人間の認識においては、今AやBなどと書いたところに、感性を通じて得られたデータ（直観）が入る。悟性の働きがなければ、単に時間と空間の情報だけが含まれたデータが整理されずに雑然と頭に飛び込んできて、何かを認識することはできなくなるだろう。反対に言えば、人間はどんなものであっても感性と悟性を通してしか認識できないのであり、感性・悟性というメガネを取っ払って、「物自体」を認識することは不可能なのだ。

感性と悟性によって認識されるものは、現象あるいは経験と呼ばれる。他方、カントによれば、理性は経験に依存せず、むしろ経験に先立って、ただ論理的な思考を働かせる能力である。悟性も理性も論理にかかわるが、悟性が感性とともに働いて経験的認識を生み出すのに対して、理性はただそれ自身で働き、どんな経験的認識にもかかわらない。しかし理性は経験から独立して、純粋に論理的な概念を作り上げることができる。理性によって作り出された概念は、理念と呼ばれる。

さて、こうした議論は、先ほどの経験論と合理論の対立にとってどのような意味を持つだろうか。一方で、カントは合理論に対して手厳しい。合理論では、移ろいゆく現象の背後にある、不変的な本体（物自体）を認識する能力として、理性が捉えられていた。不変的な本体は、神や魂とも呼ばれ、合理論は理性によってその存在証明に熱を上げてきた。しかしカントによれば、理性にはそのようなものを認識する能力はない。人間の認識は必ず感性と悟性に媒介されている。神や魂の存在は、感性と悟性を通じては認識できないものであり、厳密に言えば、存在するともしないとも言えないものである。にもかかわらず、理性によって神や魂の存在が認識できると主張するなら、それは独断的な誤謬である。理性が経験的認識に関与していると考えるなら、ろくなことにならないというのだ。

それでは、理性の役割はどこにあるのか。その答えは同時に、経験論に対する反駁にもなっている。確かに経験論が言うように、人間の認識はその都度受け取る感覚的なデータに依存しているために、不確かなものであるだろう。しかし、そうした経験に先立って得られる認識であれば、時と場合によらず、確実であり必然的だと言えるはずだ。カントによれば、どのようにして経験そのものが一般的に成立するのかを認識することこそ、まさに経験に先立ってしか可能ではない。例えば「ろうそくが熱によって溶ける」という現象は、これまでずっとそのように観察され続けてきたというだけで、同じことが次も起こるという保証はどこにもない。しかし、人間は感性によって受容したデータを、原因と結果という悟性の論理的カテゴリーを使って整理しているということ、このことは必然的だと言える。ろうそくは次の瞬間には熱によって溶けるのではないかもしれないが、何らかの原因があって溶けるという結果が生み出されることは変わらないだろう。どんな経験的な認識にも、こうした因果連関を見出すことができ、その認識の構造自体は不変的かつ必然的である。経験的認識はこのように、必ず因果連関の中に組み込まれている。こうした因果連関に支配された経験の世界を、カントは自然と呼ぶ。

さて、こうした経験的認識の成立を把握する能力こそが、理性である。感性と悟性がどのようにして人間の認識を生み出すのか、このこと自体は、経験に依存していては理解することができない。経験的認識を生み出す感性と悟性は、経験に先立って人間に備わっているからである。そこで、理性の登場である。すなわち、理性は経験的な認識にはかかわらないが、経験的認識が感性や悟性を通じてどのように成り立つのかを、経験に先立って、明らかにすることができるのだ。

経験的認識が、必ず感性を通して外のデータを受け取った後にしか生まれないという意味で、ア・ポステリオリ（事後的）な認識と呼ばれるのに対して、理性による経験の成立の解明は、経験に先立っているのであるから、ア・プリオリ（事前的）な認識と呼ばれる。また、カントはこのように、いかなる経験にも先立って（ア・プリオリに）得られる知のあり方を、超越論的（transzendental）とも呼んでいる。それは神や魂といった、経験を超えたものの認識、すなわち超越的（transzendent）認識とは区別されねばならないものである。

こうしてカントによって、理性の役割は、神や魂といった超越的なものの認識にではなく、人間の認識能力の超越論的解明に限定されることとなった。しかし、経験に依存することなく、経験に先立って論理を駆動させる理性には、別の領域において重要な役割が割り当てられてもいる。それは、道徳の領域において、真に普遍的な道徳法則を打ち立てるという役割である。

普遍的な善とは何か

いったいこの世の中に、普遍的な善、いつどこの誰にとっても善いものはあるだろうか。普遍的な善への問いは、道徳法則への問いに直結している。道徳法則とは、善をなせという義務を命じるものだからだ。カントは『基礎づけ』において、こうした道徳法則の根本的な原理を探求している。

まずは善について考えてみよう。第一に、普遍的な善があるとすれば、それは無条件に善いものである。一般に、何らかの目的をもって行為がなされるなら、その目的の手段として有効である限りで、その行為は善いものだと評価される。しかし、普遍的な善はそうであってはならない。というのも、ある目的に役立つという限りで評価されるなら、それはその条件のもとでのみ善いものになってしまうからだ。ある条件下でのみ善いと評価されるものは、決して普遍的ではない。したがって、普遍的な善は、どんな条件のもとでも成り立つそれ自体で善いものでなければならない。

第二に、何かが善いと評価されるときには、その善きことをなせという義務が言外に含まれている。したがって、普遍的な善であれば、無条件にそれが命じられるものでなければならないはずだ。

こうした見方に沿って、カントは伝統的に善だと考えられてきたものを否定する。伝統的な考え方では、善は性格や才能といった気質か、あるいは幸福に見出されてきた。一方で、例えば賢さや勇敢さといった気質は、一見普遍的な善さを持つように見える。しかし、それが銀行強盗のときに発揮されたとすればどうか。私たちは、首尾よく事をなした強盗犯を、その賢さや勇敢さゆえに善いとは評価しないだろう。気質の評価は、その気質によって何が行なわれたのかという結果に依存している。そのため気質は、それ自体として善だということはできず、無条件的ではない。

他方、アリストテレス以来、伝統的には、幸福こそが善なのだと考えられてきた。確かに、人間はすべて幸福を追い求めて生きている。しかしカントによれば、だからといって幸福が普遍的な善になるわけではない。動物は一般に、本能にしたがって生きることで幸福に辿り着くことができる。しかし、人間に備わっている理性は、幸福の実現には不適格である。理性を使って人間は知を生み出し、文明を発達させてきたが、にもかかわらず不幸な人は多い。理性は人間を幸福にするための能力ではないのだ。

さらに、幸福は非常に曖昧な概念である。何が幸福かは、時と場合によって変わりうるし、人それぞれ感じ方も違う。ある人にとっての幸福が、他の人には幸福だとは思われないこともある。無条件的な善であれば、それを実現することが無条件の義務となるが、このように、時と場合、人によって幸福の意味するところが異なるとすれば、それを命じる義務もまた時と場合によって、人それぞれに違うものとなってしまうだろう。したがって、幸福もまた普遍的な善とは言いがたい。幸福は、行為の帰結の善さと言い換えることができるが、それは人それぞれに異なるものである。

それでは、普遍的であり、それゆえ無条件的な善とはどのようなものなのか。カントによれば、それは気質や行為の帰結（幸福）にではなく、意志のあり方にこそ見出される。どんな行為を行なうにせよ、その行為への意志が前提にある。行為を道徳的に評価する場合には、この意志こそが問題になるのだ。

これは直感にも適った見解である。例えば、難民に募金をする人が、自分の名誉や名声のために募金を行なっているのだと分かれば、私たちはそれを純粋に善いとは感じられなくなる。反対に、その難民の苦境を救おうとして募金をするのであれば、私たちはそれを善いと評価するだろう。このように、行為の道徳的評価においては、意志のあり方が重要になる。募金が義務なのだとして、前者のように、単にその義務に適った行為をしただけでは、意志のあり方は善だとは言えない。むしろ評価に値するのは、募金自体を目的として募金を行なった人、言い換えれば、それが義務だからだという理由のみで募金を行なった人である。カントが普遍的な善を見出すのは、このように何らかの義務を、それが義務だからという理由で実行する際の、意志のあり方である。カントはこうした行為を、義務に適った行為とは区別して、義務にもとづく行為と呼ぶ。義務にもとづく行為へ向けた意志のあり方こそが、善なのだ。

実際、こうした善なる意志は無条件的に善いものでもある。名声のために募金をする場合、募金を行なう意志のあり方は、名声の増加という行為の結果に条件付けられている。しかし、それが義務だからという理由で募金するのであれば、その際の意志のあり方は義務以外のなにものにも条件付けられていない。ところで、義務を命じるものは道徳法則と呼ばれる。したがって、善意志とは、道徳法則によってしか規定されていない意志である。もしその他の何らかの目的によって意志が規定されているなら、それは無条件に善いものだとは言えないだろう。義務を命じる道徳法則によってしか規定されていない意志こそが、無条件的に善いもの、善意志なのである。

道徳法則とは定言命法である

そこで問題となるのが、義務とは何か、道徳法則とは何かということである。そもそも、道徳法則が法則と言えるためには、自然法則と同様、必然性が伴っていなければならない。「質量を持つ物質は互いに引き合う」という命題は、例外を許さず森羅万象に妥当するがゆえに、法則と呼ばれる。しかもそこに条件はない。先の命題は「地球上であれば」という条件付きのものではなく、あらゆる条件下で妥当する。同様に、道徳法則が法則であるのなら、無条件に、いつでも誰にでも当てはまるものでなければならないはずだ。

次に、道徳法則はどのような文として表現されるのかを見てみよう。何らかの行為を指示する文として、人は二つの（命法と呼ばれる）形を用いることができる。すなわち、「Xをなせ」という形と、「PのためにXをなせ」という形である。カントによれば、道徳法則を定式化できるのは前者の形だけである。後者は、Pという条件が成り立つときにのみ妥当するものであり、法則とは呼べないからである。それに対して、前者にはどんな条件も付いていない。前者は無条件的な義務の命法として「定言命法」と呼ばれ、後者は条件的な行為の指示として「仮言命法」と呼ばれる。道徳法則として考えられるものは、唯一、定言命法だけなのだ。

定言命法を道徳法則として考えるにあたっては、そこから経験を一切除外しなければならない。というのも、経験的な知識から何かしらの行為を義務として導くなら、単にその経験が生じた状況や条件のもとでしか成り立たないものを、(誤って) 普遍的な義務だと考えてしまうことになるからである。また、定言命法を作るということは、どうすれば幸福になれるのかを考えに入れないということも意味している。人間は確かに幸福を追い求める動物かもしれない。募金を行なう際にも、自分の名声を増し、それによって幸福になろうと考えてしまうものである。しかし、幸福を顧慮するなら定言命法は成り立たなくなる。というのもそうなれば、命法は「幸福になるためにXをなせ」という条件付けられた形、つまり仮言命法になってしまうからである。

カントは定言命法の最も基本的な形として、「それ自体が同時に普遍的法則となりうる格率にしたがって行為せよ」という定式を挙げている (『基礎づけ』4:436f.)。格率 (Maxime) とは、何らかの行為を意志するときに人が採用している主観的な行為の規則、言わば自分ルールである。例えば、暑いからアイスクリームを食べようとする時には、「気持ちのよくなることをする」というルールにしたがっているだろうし、アイスクリームは絶対に食べないと決めている時には、「体重を増やさないようにする」というルールにしたがっているだろう。募金の例で言えば、「自分の名声を増すようなことをする」という格率にしたがっている人もいるだろうし、「困った人を助ける」という格率にしたがっている人もいるだろう。定言命法は、格率が普遍的法則となりうる場合にのみ、それにしたがって行為することを義務として定めるのだ。

道徳法則にしたがうことが自由だ

定言命法は、しばしば現代の研究者から、普遍化可能性テストと呼ばれる。(7) 普遍化の意味は、矛盾がないということである。つまり、定言命法は、ある格率を他のすべての人が採用した場合に矛盾が生じないか、そして、自分自身がその格率を採用することに矛盾が生じないかをチェックするテストなのである。例えば、「自分の得になる時には約束を破る」という格率は、すべての人に採用されれば、約束そのものが成り立たなくなってしまうだろう。約束した相手方のことを、誰も信用できなくなってしまうからである。ここには矛盾が生じている。あるいは、「困っている人がいても助けない、無視する」という格率は、確かにこれがすべての人に採用されても矛盾は生じないかもしれない。しかし、これがすべての人に採用された世界を、私は望むことはできないだろう。というのも、自分自身が困っていて誰かの助けを必要としていても、この格率が他の人に採用されていれば、その希望がなくなってしまうからである。つまり、この格率は私の意志において矛盾を生じさせてしまうのである。

これらの格率はいずれにせよ、自分だけを例外扱いするものである。自分だけは約束を破っても許される。自分だけは他人から助けてもらってしかるべきだ。このように自分を例外化することでしか成り立たない格率は、結局のところ普遍性を持たない。定言命法は、このように自分だけを例外扱いする格率を採用することを禁止し、自分にも他のすべての人にも当てはまる格率を採用するよう命じる。

カントは、こうした定言命法を作ることを、法則を打ち立てるという意味で「立法」と呼ぶが、それはただ理性によってしか可能ではない。というのも、理性だけが、経験に先立って論理的思考を働かせることができるからである。実際、定言命法はいかなる実質的な内容をも含まず、単に格率の普遍化という形式しか含んでいない。幸福になりたいという動機が命法に含まれていれば、どういう状況でどのようにすれば幸福に至るのかという点で、経験的な考慮が必要になるだろう。しかし定言命法は、こうした実質的な内容を欠いている。定言命法は、経験的な内容を度外視して、単に形式的に、格率が普遍的法則となるべきことを命じている。それゆえに、定言命法は理性によってしか立法可能ではないのだ。

ここからは、さらに重要な考察が生まれる。先ほど見たように、人間が感性・悟性を通じて認識する経験の世界は、因果法則の支配する領域である。それをカントは自然と呼んでいた。人間も自然の中に存在する限り、因果法則に従属しており自由ではない。人間は幸福を求めて生きようとするが、それは言い換えれば、自分に幸福を感じさせる何らかの自然原因に規定されているということである。

しかし人間は、定言命法にしたがって行為することのできる存在でもある。そして、その限りで、人間は自由であるとみなせる。というのも、定言命法を立法するのは自らの理性だからだ。自らの理性が立法した道徳法則にしたがっている意志のあり方は、自律（Autonomie）と呼ばれる。こうした自律にこそ、人間の自由があるのだ。幸福になろうという動機をもって行為する限り、意志は幸福を生み出すなんらかの自然原因に規定されている。こうした他律（Heteronomie）とは違い、ただ定言命法が命じる義務を、それが義務であるという理由だけで実行しようとする意志のあり方は自律している。この場合、私の行為の原因は道徳法則を立法する私の理性以外にないからである。カントは道徳法則を、自然法則に対して自由の法則と呼ぶが、それは定言命法を通じて人間の自由、意志の自律が認識されるからなのだ。

法と徳はどう違うのか

このように、『基礎づけ』や『実践理性批判』では、理性が道徳法則の立法能力を持つということ、そして幸福を動機から排除し、道徳法則のみに自らの意志を規定させるという可能性にこそ、人間の自由があるということが示された。これに対して『人倫の形而上学』では、道徳の中に法（Recht）と徳（Tugend）の部門が区別される。『基礎づけ』や『実践理性批判』は、理性の道徳的能力一般を解明することを目的としていたのに対し、『人倫の形而上学』はその能力を前提として、法と徳を含む道徳の全体系を再び構築しようとするのである[8]（図1）。

あらかじめいくつか注意すべきことがある。第一に、『人倫の形而上学』では、それまでの著作ではあまり見られなかった、選択意志（Willkür）という概念が盛んに用いられている。Willeが「意志」を指すのに対して、Willkürは通常のドイツ語としては「恣意」という意味である。ただしWillkürは、カント哲学の文脈では、複数の選択肢から一つを選び取り、それを実現しようとする人間の欲求能力を指すため、「選択意志」と訳される習慣になっている。『人倫の形而上学』では、選択意志と意志の関係について、意志は道徳法則に規定されている選択意志なのだと説明されている。

　第二に、「法」と訳されるRechtの含意する範囲に注意が必要だ。日本語では「法」というと、国家の中で人々の行為の規範や基準となるものという意味合いが強いだろう。しかし、ドイツ語の名詞Rechtは、ラテン語jusやフランス語droitと同様に、「正しい」を意味する形容詞rechtから来ている。すなわち、Rechtの根本的な意味は「正しさ」であり、そこから、正しい行為の基準という意味での「法」や、正しい行ないであればそれをしてもよいということから「権利」という意味も出てくる。Rechtの教説（Lehre）である法論（Rechtslehre）も、国家において制定される法という狭い意味だけを論じているのではなく、もっと広く、「正しい」行為とは何かを一般的に論じている。また、Rechtは法則（Gesetz、英語law）とも異なっている。自然科学において自然法則と言えば、

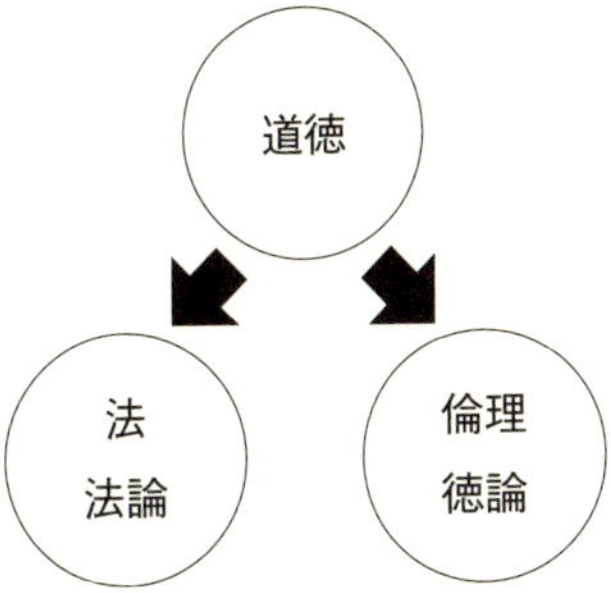

図1　道徳の体系

事物の必然的な原理のことだが、カントによれば、人間の実践的行為における法則は、何らかの行為の命令である。国家における法則が「法律」と訳されるだけであり、法則自体は、これから見ていくように、「法」にも「徳」にも現れるものである。

さて、道徳法則一般は理性によって立法される。しかし、カントによれば法則と動機の関係に応じて、法と徳は区別されなければならない。一般に道徳法則は、なすべき行為を義務として命令する。しかしその際、法則が動機をも指定するかどうかによって、二通りの可能性がある。第一に、ある行為を義務として命じるだけで、その際の動機を問わない場合、第二に、ある行為を義務として命じるだけでなく、その義務を同時に動機としても指定する場合である。これらは道徳法則の立法の仕方について異なっており、それぞれ法的立法、倫理的立法と呼ばれる。前者の場合、動機は度外視されており、単に行為が法則によって義務として指定されたものと合致しているということだけが要求される。他方、後者の場合、ある行為が法則に合致しているということだけではなく、義務を動機として実行することも要求される。行為が義務を動機としてなされているなら（義務にもとづく行為）、その行為は倫理的であり、他方、義務を動機としてはいないけれども、行為がその義務を外面上満たしているなら、その行為は適法的であると言われる。

例えば、「約束を守れ」という命令について考えてみよう。私が、義務なのだから約束を守らなければならないと考えて約束を守るとすれば、その場合には、私の行為は倫理性を満たしている。他方、約束を守らなければ痛い目にあうとか、あるいは約束を守ったほうが得だからなどと考えて約束を守るとすれば、その際には、行為の適法性のみが満たされていることになる。

このように、法の領域（法論）は、内面の動機には踏み込まずに、ある行為が法則と一致しているかだけを問題にするのに対し、徳の領域（徳論）は、行為だけでなく動機も法則と一致するかを問題にする。こうして、法的に立法される義務は法義務と呼ばれ、倫理的に立法される義務は徳義務と呼ばれる。

動機が考慮されるかどうかという点は、極めて重要である。義務を動機として行為するという倫理的立法の場合、その義務は同時に行為の目的でもある。例えば「他者に親切にすべし」という義務を、それが義務であるからという動機で実行すれば、その時には当然ながら、この行為の目的は義務を果たす（親切にする）ということにある。反対に、他者によく思われるために親切にする場合、親切な行為の目的は他者によく思われるということにあり、親切自体にはないだろう。

重要なことは、こうした目的の設定は、徳義務においては自分自身にしか可能ではないということである。例えば、相手に脅されて親切を行なう場合、親切は自分によって設定された目的ではなく、他者によって設定された目的、言い換えれば、強制された目的である。私は自ら親切を義務だと考えて行為しているのではない。そうしなければ他者に危害を加えられるからこそ、親切を行なうのである。このように、自分以外の誰かから強制されて義務を果たす時には、それはもはや徳義務ではありえない。反対に言えば、徳義務は他者から強制されることがありえず、倫理的な立法は自分以外には可能ではないのだ。

	立法	動機	法則の立法
法	法的立法	考慮しない	自分以外にも可能
徳	倫理的立法	考慮する	自分以外は不可能

図２　法と徳

他方、法的な立法は自分以外にも可能である。というのも、法的立法は内面の動機を勘案せず、ただ行為が法則と一致するかだけを問題にするからだ。「交わした契約を履行せよ」という義務を、倫理的にではなく適法的にのみ遵守する場合を考えてみよう。それが義務だから契約を履行しようという動機は必要ない。そうしなければ契約相手から報復されると考えて契約を履行するのであっても、それは法義務を満たしたことになる。この場合、私は他者の報復におびえて契約を履行するのだから、それを他者から強制されているということになる。このように、法義務は他者から強制されることもありえるものである。言い換えれば、法的な立法は自分以外の人にも可能なのだ。

こうした法と徳の区別は、すでにリベラルな含意を持つものでもある。法は個人の内面には踏み込めず、内面の動機は、自ら設定されて初めて倫理的な意味を持つからである。しかし問題は、法的な立法が自分以外の人にも可能であるということ、そしてそれは他者からの強制を意味しうるということである。つまり、自分が望んでもいない行為を他者から強制されるのだとすれば、そのとき、人間の自由はどうなってしまうのか。法が強制するのであれば、私は自由ではなくなってしまうのではないだろうか。カントは『基礎づけ』や『実践理性批判』において、自らの理性が立法する定言命法に自らの意志を一致させるという自律を、道徳の基礎に置いたのではなかったのか。

法の普遍的原理

実のところ、『法論』の根本的な課題は、法的立法における強制が自由と両立する条件を定めることにある。『法論』はそれを、あるべき法（Recht）とはどのようなものかという問題として扱っている。ただし、Recht の多義性を忘れてはならない。あるべき法は何かという問いは、正・不正を区別する基準は何か、正しい行為とは何かという問いでもある。『法論』は、国家における実定法ではなく、あるべき法、正・不正の基準を、経験から独立して（ア・プリオリに）論じようとする。経験から独立に考察されなければ、あるべき法の姿を、また正・不正の基準を、いつどこの誰にでも当てはまる普遍的なものとして導き出すことはできないからである。

カントは「法の普遍的原理」を次のように規定する。

> どのような行為も、その行為が、もしくはその行為の格率にしたがった各人の選択意志の自由が、万人の自由と普遍的法則にしたがって両立しうるなら、それは正しい。（『法論』6:230）

これが「法（Recht）の普遍的原理」と呼ばれるのは、それが正しい（recht）行為の条件を示しているからである。ある行為、もしくはそれを行なおうする人の自由が、万人の自由と両立するなら、その行為は正しい。反対に、両立しない行為は正しくない、不正である。また、こうした条件に合致する正しい行為に対して、それを妨害する行為も不正である。というのもそれは、正しい行為をなす人の自由とは両立しないからである。

「法の普遍的原理」は、次のような「法の法則」としても定式化される。すなわち、「あなたの選択意志の自由な使用が、すべての人の自由と普遍的法則にしたがって両立しうるよう、外的に行為せよ」(『法論』6:230)。これは確かに、正しい行為を義務として命じる法則なのだが、繰り返せば、それは内面の動機を対象とするものではない。

さらに、法の普遍的原理からは次のことも導き出される。すなわち、不正であると判定される行為に対しては、それを妨害し、その行為がなされないよう強制することは正しい。というのも、不正な行為は、万人の自由とは両立しないものであり、そうした不正を強制的に妨害することは、むしろ万人の自由を促進するからである。これは矛盾律にしたがった発想である。つまり、自由の妨害の阻止は、言わば否定の否定として、肯定されるのである。

以上のことから分かるのは、正しい(recht)行為に対しては、人は権利(Recht)を持つということである。カントによれば、権利とは「他者を拘束する(道徳的)能力、すなわち他者に対する拘束性の法則的根拠(権原)」である(『法論』6:237)。つまり、正しい行為をなそうとする人は、そうした行為への妨害を控えるよう、他者を拘束する権能を持つ。逆に言えば、正しい行為をなそうとする人に対して、他の人はその行為を妨害しないよう義務付けられる。このように、カントにおいて権利と義務は対応する関係にある。

今や、先ほどの強制と自由の問題について、一応の回答が得られたことになる。つまり、強制は、不正に対してなされる限り、不正を阻止するものとして正しいのだ。正しい行為に反するものに対してだけ、強制が正当化される。これを逆に捉えてはならない。つまり、他人から強制されるため、それが法義務なのではない。むしろ法の普遍的原理は、正しい行為の条件を示すことによって、同時に、正当な強制の条件をも示しているのだ。

強制されているのになぜ自由なのか

だが、実際には問題はさほどの解決を見てはいない。倫理的立法が動機・目的の設定にかかわるために、自分以外の人には可能ではないのに対して、法的立法は自分以外の人にも可能であった。確かに、不正行為を阻止するためになされる強制は、正当化可能であろう。しかし、正・不正の基準自体が恣意的に決められていれば、どうだろうか。つまり、自分以外の他人によって正・不正が定義され、その定義に沿って、私が不正をなしていると判断され強制されるのであれば、私は自由でいられるだろうか。

この問題は、カントの政治的・法的な自由の概念に深くかかわっている。カントによれば、法的な自由は、「不正をなしていない限りで、望むことを何でも行なう権能」ではない（『永遠平和』8:350）。というのもこうした定義では、不正の内容が何なのかは分からないからである。法の普遍的原理からすれば、他者の自由と両立しない行為は、確かに不正であると言えるかもしれない。しかし、次のような状況を考えてみればいい。私はあなたに服従するだけの存在であり、あなたは好きなことを何だって行なうことができる。私が自由でいられるのは、あなたが私の行為によって自由が減らされたと思わない限り、つまりあなたが私の行為を不正だと思わない限りでのことである。こうした関係性は、主人と奴隷の関係性にほかならないだろう。奴隷は主人の自由を減らさない限り、あるいは、主人に対して不正をなさない限りでは、確かに自由だと言えるかもしれない。しかしそもそも、主人の自由の範囲は、あるいは正・不正の基準は、奴隷によってではなく、主人によって決められたものである。ここで主人が持つ権利は特権であり、奴隷は主人と同じ権利を享受しているわけではない。

カントは注意深くも、こうした偽りの自由が生じないように、自由の概念を捉えている。法的立法は確かに自分以外の人にも可能なものではあるが、そのとき実際に自分以外の人が立法した法則のみによって強制されるのであれば、そこに自由は存在しないのだ。しかし、私を強制する法則が、私自身によっても立法されたものであれば、話は別である。つまり、強制と自由が両立するのは、強制を課すことになる法則が、私を含めたすべての人によって立法されているときだけなのだ。「法の普遍的原理」が、「万人の自由と普遍的法則にしたがって両立しうる」ことを、正しい行為の条件とするときに意味しているのは、これである。ポイントは「普遍的法則にしたがって」という部分である。正・不正の基準となる法則、自由の範囲を決める法則が、私だけでもあなただけでもなく、すべての人によって決められていなければ、強制と自由は両立しえないのだ。

別言しよう。自由と強制の両立が可能であるためには、相互性（reciprocity）がなければならない。法則とは単純に言えば、ルールである。ルールは、人々の自由を規制するものだが、そこには言わば始点と終点がある。この始点と終点が循環する限りで、自由と強制の両立は可能である。一方で、ルールは例外なくすべての人によって取り決められたものでなければならない（始点）。他方で、そのルールに、すべての人が例外なくしたがうのでなければならない（終点）。こうしたルール（法則）の立法と遵守のいずれにおいても、例外が生じてはならない。私抜きに決められたルールに、私がしたがわなければならないとすれば、私の自由は強制的に縮減される。自分がしたがうべきルールの作成に関与できなければ、私は他の人に強制されるだけだからだ。反対に、皆でつくったルールに、私だけしたがわなくてもいいとすれば、私は他の人の自由を強制的に減らしていることになる。この場合、私は自分だけを例外扱いすることで、他の人にルールを押し付けているのだ。

このように、ルールの始点と終点における相互性がなければ、誰かの自由が不当に侵害されてしまう。カントの言葉で言えば、すべての人の意志によって立法された法則に、すべての人がしたがうということ、これは「普遍的規則に由来する拘束性の相互性」なのである（『法論』6:256）。

生得的な自由の権利

したがって、法は他者による一方的な強制を意味するのではなく、むしろ「普遍的法則にしたたがったすべての人の自由と調和する、全般的な相互強制の可能性」である（『法論』6:232）。こうした法のもとにおいて、すべての人間は生まれつき自由の権利を有している、とカントは言う。生まれつき、いかなる行為にも先立って認められる権利のことを、カントは生得的権利あるいは根源的権利と呼んでいるが、それはただ自由の権利だけである。

自由（他者の強要する選択意志からの独立）は、他のすべての人の自由と普遍的法則にしたがって両立しうるかぎり、どのような人間にもその人間性ゆえに認められる、唯一の根源的な権利である。（『法論』6:237）

誰も、特権的（例外的）に他者からの強制を免れたり、あるいは一方的に他者から強制を課せられることがあってはならない。法の普遍的原理と、それに対応する自由の権利は、「普遍的法則にしたがって」という規定によって、こうした非対称的な関係性が生じる可能性を排除し、万人の関係性が相互対称的になるようにしているのである。自由権が意味するのは、不正をなさない限り、あるいは他者の自由を侵害しない限り、何をしてもいいということではない。むしろそれは、自分がしたがう法則を他者とともに立法し、他者と同じようにそれにしたがう者として扱われる権利である。

アドルノ、ホルクハイマーから始まったフランクフルト学派の第三世代に属するとされる、現代ドイツの哲学者ライナー・フォルストは、こうしたカントの自由権を「正当化への権利」として再解釈している[9]。すなわち、カントが自由権という語で言おうとしているのは、他者の行為に直面したとき、誰しも、それが万人の自由と両立するものであるか、正当化を他者に求めることができるという権利である。他の人から正当化されえない行為は、私が受け入れることのできない恣意的な強制になる。私は他のすべての人とともに、互いの行為について正当化を求め合う関係に置かれているのだ。

こうしたカントの自由権の理解は、従来の自然権の理解とは異なっている。それまで自然権とは、人間が生まれつき有しているという意味で生得的な権利を指していた。例えば、生存権（ホッブズ）や、他者に危害を加えない限りでの自由の権利（ロック）が主張されてきた。しかし、これらはいずれも、私がなしてよいことだけを想定したものである。

ところがカントの場合、私は他者とともに自由でなければならない。そのためには、すべての人の行為を規制する法則を、私は他者とともに立法し、また同時に、私は他者とともにそれに平等に拘束されなければならないのだ。ホッブズやロックの権利理解が主観的なものであるのに対して、カントは自由の権利を客観的に理解しているのである。

こうした法的な自由は、道徳における自由と類比的に捉えることができる。『人倫の形而上学』によれば、選択意志の自由には、消極的概念と積極的概念がある。選択意志がただ自然によって規定されるだけなら、それは本能的な欲求に突き動かされる動物と同じである。しかし人間は、自然の衝動に常に完全に突き動かされているわけではない。こうした自然の衝動からの独立が、自由の消極的概念である。他方、積極的概念は、選択意志が理性の立法する道徳法則によって規定されうるということである。この場合、私の選択意志は、自らの理性以外には規定されておらず、自律している。

同様に、法的な自由においても、こうした消極的・積極的な概念を見出すことができる。法的な自由は、消極的に見れば、他者の選択意志の強要からの独立である。他方、積極的概念は、すべての人によって立法される法則に拘束されているということにある。この場合、私は他者とともに立法した法則に、他者と平等に拘束されているのであり、この意味で、言わば集合的・政治的に自律しているのだ。[10]

カントの自由権は、こうした政治的自律への権利、政治的な主権者となる権利を包含している。それはつまり、自らが他者とともに拘束される法律を他者とともに立法する、そうした国家のもとで暮らす権利である。第三章で見るように、市民が立法権を持つ国家のあり方を、カントは共和制(Republik)と呼んでいる。したがって、人間が生得的に自由の権利を持つということは、同時に、人間が共和制のもとで暮らす権利を生まれつき持っている、ということを意味する。

こうした自由は、共和主義的な自由と呼べるだろう。それは自由主義的な自由とは異なっている。自由主義において自由とは、他者に危害を加えない限り、あるいは不正をおかさない限り、何でも好きなことができるということだと理解されている。しかしこうした自由概念では、市民が立法権

（主権）を持つ国家を正当化することはできない。例えば、君主が立法権を持っており、人民の自由に配慮した法律を作るのであれば——例えば立憲君主制のように——、古典的な自由主義の要件は満たされてしまう。しかし、カントの視座において、こうした君主制のもとでは、本当の意味で市民は自由ではない。というのもそこには、市民が自らの同意した法律にのみしたがうという、自律の原理が欠けているからである。

人間性とは何か

最後に、生得的な自由権の根拠について見ておこう。先に見たように、カントによれば、生得的な自由権は、どんな人間にもその「人間性」のゆえに認められるものである。カントは人間性（Menschheit）を人格性（Persönlichkeit）とも言い換えているが、これは「人間らしさ」のような曖昧な表現ではない。むしろ、人間性には厳密な定義が与えられている。「義務論において人間は、超感性的な自由の能力という性質に関して、したがって単にその人間性のみに関して、自然的な規定から独立した人格性（叡智的人間 homo noumenon）として表象されうるし、されなければならない」（『法論』6:240）。

超感性的な能力とは、文字通り、感性によっては捉えることができない能力、経験を超えたところでしか考えることができない能力を意味する。確かに、人間の存在を感性によって把捉する限り、言い換えれば、経験的世界においてのみ捉える限り、人間は自然界の因果法則から自由ではない。

しかし、こうした自然の規定から独立して人間を捉えることは可能であるし、道徳について考えるならばそうしなければならない、とカントは考えている。感性を超えて、あるいは自然から独立して、人間存在を考えるということは、人間を自由な存在としてみなすということである。それはまさしく、定言命法に意志が規定されているという意味での、自由（自律）である。人間を自然界から切り離して、超感性的に見た場合にのみ、人間性（人格性）が見いだされるのだ。自然界に埋め込まれている存在としての人間が現象的人間（homo phaenomenon）と呼ばれるのに対し、このように超感性的に、自由の観点のみから見た人間は、叡智的人間と呼ばれる。

こうした考え方は、確かに、形而上学的な思考を弄んでいるようにみえるかもしれない。しかしそれは実際、道徳を考える際には欠くことのできないものである。人間性（人格性）は、道徳的責任をめぐる問題と密接に関係しているのだ。カントによれば、「人格とは、その行為に責任を帰すことができる主体である。したがって、精神的人格性は、道徳法則のもとでの理性的存在者の自由にほかならない〔…〕」（『法論』6:223）。責任を問うこと（帰責）が可能な存在は、どのような存在だろうか。例えば、幼い子供や精神衰弱に陥った人、あるいは精神的な障がいを持った人が罪を犯しても、私たちは責任をその人に帰すことはしない。彼らには責任能力がなかったとみなしているからである。カントはこうした責任能力として、道徳法則のもとでの理性的存在者の自由を挙げるのだ。

カントが言っているのは、責任能力を持つ主体は、自由な存在でなければならない、ということである。だが、人間を含めて、自然界に存在するあらゆるものは、必然的な因果法則に従属しており、自由ではない。実際、近年の脳神経科学の知見によれば、私たちが自発的に何かを選択したと意識する直前（ゼロコンマ数秒前）には、すでに脳内で無意識的な電気信号が発生していることが分かっている。つまり、自然界、現象の世界については、いかなる自由な選択もありえず、すべてが因果法則にしたがっているかもしれないのである（私たちの選択の意識でさえ、ニューロンの発火の帰結にすぎない）。カントによれば、だがそうだとしても、自らの理性が立法する道徳法則に自らの意志を合致させるという、意志の自律を考えることは可能である。カントが述べるのは、こうした自由がたとえ理念であっても存在しなければ、責任を問うということはできなくなり、まして道徳的な評価さえ不可能になるということなのだ。

それでは、人間性のゆえに各人に生得的な自由権が認められるのは、どうしてなのか。端的に言って、こうした権利が認められなければ、道徳法則のもとでの自由が不可能になってしまい、また同時に、行為の責任を問うことができなくなってしまうからである。

> 私たちは（あらゆる道徳法則が、それゆえまたあらゆる権利と義務とが由来するところの）自分自身の自由を、ただ道徳的命法を通してのみ認識する。道徳的命法は義務を命じる命題であり、そこからその後で、他者を義務付ける能力、すなわち権利の概念が展開されうる。（『法論』6:239）

私は、自らの理性が立法する道徳法則に、自らの意志を合致させることができる自由な存在である。この自由は、私が他者の選択意志の強要にさらされるとき、不可能になるだろう。そのときには、私の理性が立法した法則ではなく、他者の選択意志が、私を規定しているからである。したがって私は、私の道徳法則のもとでの自由を侵害しないように、他者を義務付ける権能、つまり生得的な自由権を持つ（権利と義務は対応する関係にある）。このようにしてカントは、生得的な自由権の根拠を、道徳法則のもとでの自由、すなわち人間性に求めるのである。

他者の自由を損なわなければ何をしてもよいのか

ただし、生得的な権利として認められる自由と、道徳法則のもとでの自由を混同しないようにしなければならない。法と徳の区別に応じて、この二つの自由は区別されるからである。後者の自由は、道徳法則が命じる義務を、自らの行為の動機とする状態である。他方、前者の自由は、確かに自らが他者とともに立法した法則にしかしたがわないという自由であるとはいえ、その法則にしたがう動機は度外視されている。

次章でも触れるジョン・ロールズは、こうした区別を見過ごしたために、カントの政治思想を形而上学的・包括的な教義にもとづくリベラリズムだとして、誤って批判している。『正義論』（一九七一）を中心とした前期のロールズは、カントの定言命法に着想を得て、正義の原理を導出する手続きを構想した。しかし後期になると、とりわけ『政治的リベラリズム』（一九九三）では、カントに対する批判的なスタンスが明瞭になった。

ロールズによれば、形而上学的な教義とは、人生における価値を掲げるものであり、人間の生活すべてに口を出すという点で包括的である。カントは、自律を人生の最高の価値とみなす形而上学的教義を唱え、それにもとづいたリベラリズムを構想した、とロールズは主張する。ロールズが問題視するのは、こうした自律の理想にもとづいたリベラリズムは、国家が教育や刑罰などの手段によって、道徳的に自律していない人を強制的に自律させることを要求しかねない、という点である。自律を促進するための国家的強制は、つまるところ自由の抑圧にほかならないだろう。これに対して、ロールズ自身のリベラリズムは、人間の生全般にではなく、社会の基本構造にのみ当てはまる正義概念を提示し、また、形而上学的な教説を含んでいない、そうした政治的なリベラリズムだというのだ[11]。

しかし、こうしたロールズの解釈は、カントにおいて法と徳が、内面の動機を考慮するかどうかで区別されている点を見過ごしている。国家のもとでの法的な自由が意味するのは、意志の自律ではなく、消極的には、他人の強要からの独立である。法律にしたがうことが義務だとしても、遵法を動機とすることは要求されない（自分の得になるからという理由で法律にしたがってもよい）。つまり、カントの法概念は、人々の内面に踏み込んで何かを強制することを慎み、むしろ他者からの恣意的な強要を阻止するような強制だけを正当なものとするのだ。

だが、道徳法則のもとでの自由、すなわち人間性・人格性が、生得的自由権の根拠となるのだとすれば、別の問題が生じるように思われる。カントの立場からすれば、義務を動機として行為することができない人――例えば子供や精神障がい者――には、生得的自由権が認められないのではないか。しかし、カントの議論をそのように解釈することはできない。生得的自由権の根拠が、意志の自律、道徳法則のもとでの自由にあるということが意味しているのは、義務を動機として行為するのでなければ生得的自由権が認められない、ということではない。むしろ、逆である。他者の強要から独立していなければ、義務を動機として行為する可能性が消えるからこそ、そうした強要からの独立が生得的な自由権として認められるのである（そうでなければ、ほとんどすべての人は義務を動機として行為していることなどまれなのだから、自由権が認められないことになってしまうだろう）。つまり、カントが問題にしているのは自律の事実ではなく、自律の可能性なのだ。

そうした可能性が認められるのは、人間を叡智的人間として見た場合だけである。これは人間の自然的な性質や本性を度外視し、単に理性の側面から人間を把握した場合にのみ得られる見方だ。確かにカントの主張は、理性に対して過度な期待を寄せ、叡智的人間などという形而上学的な概念を前提としているように見える。しかし第一に、理性を何か神秘的な能力だと思いなす必要はない。それは、経験から独立して論理的思考を働かせる能力にすぎない。つまり、「普遍的法則となる格率にしたがって行為せよ」という、経験的な内容を持たない形式的な法則を論理的に作り出すことができる能力として、機能的に捉えられたものが理性なのである。こうした論理的な可能性を否定するのでない限り、叡智的人間（理性的存在者）という概念を捨てる必要はない。

第二に、生得的自由権の根拠を人間性に置くという議論は、ロールズの言う政治的リベラリズムに対して、ある面で優位に立っている。理性によって道徳法則が立法され、それに自らしたがう可能性を持つということを、カントは人間性や人格性と並んで、「尊厳」とも呼んでいる。[12]この言葉は、とりわけ日本では、「人間らしさ」程度の意味で用いられていることも多いが、カントの場合はそうではない。理性的存在者の尊厳は「自らが同時に立法した法則以外にはしたがわない」ということにある（『基礎づけ』4:434）。これが意味するのは、理性が立法する定言命法以外に、人々がしたがうべき道徳法則は認められないということ、言い換えれば、人間にとって定言命法こそ最高の道徳的原理であるということである。この意味で、自分がしたがうことのできないルールを他人から勝手に課せられることは、尊厳の侵害に等しい。

他方、こうした尊厳概念は、自分自身に対しても一定の行為を義務付けることになる。簡潔に言えば、自らの尊厳を自ら放棄する行為は禁止される。尊厳の放棄とは、自分が立法したのではない法則にあえてしたがおうとすることである。これが認められれば、自らの理性が立法する定言命法にしか道徳性は存在しない、ということが否定されてしまうだろう。『徳論』によれば、例えば、飲酒や食べ過ぎ、性欲の虜となることは、理性の働きを肉体的に著しく弱める行為として禁止される。虚言や貪欲、卑屈なども、自分の理性が道徳性の最高の原理であることを否定するものとして、禁止される。

とりわけ、極端に尊厳に反するのものは、自殺である。自殺は、感情（苦しみや悲しみ）に流されて自己を滅ぼすことである。自殺が許容されるなら、自分の感情を理性よりも上位に置くことを許すことになる。つまり、定言命法が唯一の道徳規範であることが否定されてしまうのだ（6:419-442）。同様に、『法論』の領域でも、尊厳に反する行為は禁止される。その典型は、奴隷契約である。それはあえて他者を主人とし、主人の強要下で暮らす契約である。しかしこれは、普遍的法則の共同立法者たる資格を自ら捨てること、さらに言えば、自らの理性が立法する道徳法則に自らしたがうという自律の可能性を消すことに等しい。

古典的な自由主義ないしリベラリズムでは、自殺や奴隷契約を原理的には否定できない。自殺にせよ奴隷契約にせよ、他者の自由を侵害するものではないし、自分が望んだのだから、他人からとやかく言われる筋合いはない、と考えられるからである。これに対して、カントは生得的自由権の根拠を、人間の尊厳に求めており、それゆえに自殺や奴隷契約を否定することができる。人間の生得的な自由権の根拠が、理性的存在者としての尊厳である以上、その尊厳に反するような自由の使い方は、広い意味で道徳的に禁止されるのだ[13]。

さて、カントは、人間が生まれつき持つ権利として正当化可能なのは、こうした自由の権利だけだと考えている。自由権には、誰も特権的に法の強制を免れることはできないという意味での立場の平等や、結局同じことだが、誰も生まれながらに奴隷ではなく、すべての人が自らの権利の所有者（自権者）であるという資格、さらには言論の自由が含まれている（『法論』6: 237-8）。しかし、現代の人権リストに含まれるような、社会保障や教育を受ける権利、労働に関する権利、あるいは新しい人権としての環境権やプライバシー権など、多くのものは、カントの枠組みでは生得的には正当化されない。私たちがもしこれらを擁護しようとするのなら、「天が賦与した」とか「人間らしさ」といった理由以外のものに、その根拠を見出さなければならないだろう。実際、神や天が、人間に生まれつきの権利を与えてくれるというのだろうか。人間らしくあるとはどのようなことであり、なぜ人間らしさが権利を生むというのか。カントからすれば、理性が道徳法則を立法できるがゆえに、私たちには生得的な自由権が認められるのであって、そこに宗教や経験的な人間学は必要ないし、混ざり込んではならないのである。

『法論』は、本章で見た人間の生得的自由権を出発点として、あるべき法、国家の姿を探求している。自由の権利は、他のすべての人とともに、自らに強制を課す法則の立法者となることを意味していた。これは共和制への権利を意味している。だが、そもそもどうして国家は必要とされるのか。カントの共和主義について見る前に、次章ではその独特な社会契約論について見ていきたい。

〈注〉

（1）ドイツでの人権宣言の受容一般に関しては、Hans Erich Bödecker, Zur Rezeption der französischen Menschen- und Bürgerrechte von 1789/1791 in der deutschen Aufklärungsgesellschaft, in G. Birtsch (Hg.), *Grund- und Freiheitsrechte im Wandel von Gesellschaft und Geschichte*., Göttingen: Vandenhoeck & Ruprecht, 1981, 258-286.

（2）Justus Möser, Ueber das Recht der Menschheit, als den Grund der neuen Französischen Konstitution, *Berlinische Monatsschrift* (folgend BM) 15, 1790, 499-505. Ders, Ueber das Recht der Menschheit, in sofern es zur Grundlage eines Staates dienen kann, *BM* 17, 1791, 496-506. Ders, Wann und wie mag eine Nation ihre Konstitution verandern?, *BM* 18, 1791, 396-401. メーザーの邦訳著書として、肥前榮一他訳『郷土愛の夢』京都大学出版会、二〇〇九年。

（3）Johann E. Biester, Nachschrift zu dem vorstehenden Aufsatz, *BM* 16, 1790, 209-220.

（4）ただし人権理論を擁護する論考もわずかながら見られた。Karl Clauer, Auch etwas über das Recht der Menschheit, *BM* 16, 1790, 197-208. Ders, Noch ein Beitrag über das Recht der Menschheit, *BM* 16, 1790, 441-469. Friedrich von Gentz, Ueber den Ursprung und die obersten Prinzipien des Rechts, *BM* 17, 1791, 370-396.

（5）日本語で読めるプロイセン絶対主義研究としては、石部雅亮『啓蒙的絶対主義の法構造——プロイセン一般ラント法の成立』有斐閣、一九六九年。成瀬治編『伝統社会と近代国家』岩波書店、一九八二年。阪口修平「プロイセン絶対主義」成瀬治他編『世界歴史体系ドイツ史２』山川出版社、一九九六年、四五〜一〇四頁。

（6）Eckhart Hellmuth and Wofgang Piereth, (trans.) A. Davis, Germany 1760–1815, in H. Barke and S. Burrows (eds.) *Press, Politics and the Public Sphere in Europa and North America, 1760-1820*, Cambridge: Cambridge UP, 69–92.

（7）普遍化可能性については、田原彰太郎「カントと「普遍化可能性」論——「普遍化可能性」はカント倫理学研究の中心でありうるか——」『早稲田大学大学院文学研究科紀要・第一分冊』二〇一〇年、三五〜四九頁が示唆に富む。

（8）『基礎づけ』・『実践理性批判』と『人倫の形而上学』の関係については、石田京子「いかにして法と道徳は区別しうるか——批判と形而上学——」日本カント協会編『日本カント研究一三　カントと形而上学』二〇一二年、一九七〜二一一頁。

（9）Rainer Forst, The Point and Ground of Human Rights: A Kantian Constructivist View, in D. Held and P. Maffettone (eds.),

Global Political Theory, Cambridge: Polity Press, 2016, 22-39. フォルストの邦訳論文としては、田原彰太郎訳「正当化への基本的権利——人権を構成主義的に構想するために」、ハウケ・ブルンクホルスト他編、舟場保之・御子柴善之監訳『人権への権利——人権、民主主義そして国際政治』大阪大学出版会、二〇一五年、四三～八七頁。

（10）S. Byrd and J. Hruschka, *A Commentary*, chap.3. 石田京子「カント法哲学における立法と自由」『哲学』第一三四号、二〇一五年、一四九～一七〇頁。

（11）John Rawls, *Political Liberalism*, New York: Columbia UP, 1993, esp. 37, 77f, 99ff. これに関連して、カント研究の中では、道徳哲学と法論が独立しているのか連続しているのかという解釈の対立がある。論争のサーヴェイとして、石田京子「カント法哲学に関する近年の研究状況について」『エティカ（六）』、二〇一三年、三九～七一頁。本書の立場は、連続説に近い。

（12）尊厳概念については、次が包括的かつ説得的である。Oliber Sensen, *Kant on Human Dignity*, Berlin: De Gruyter, 2011.

（13）もちろん、狭い意味でも考察されるべき問題だろう。つまり、尊厳に反する行為は、他者から強制的に阻止されうる法義務なのか。確かに、暴飲暴食や虚言、卑屈、自殺などは、他者の自由と両立しうる限りで、国家の法律によって禁止されるべき類のものではない（だからこそそれらは『徳論』で扱われる）。それはむしろ、自らの理性的能力を保存することを自らの動機として行なうべき、（法義務とは区別された）倫理的な義務である。本書では詳述できないが、これらは「自分自身に対する義務」と呼ばれている。この義務をカント倫理学の根本に見出す研究として、加藤泰史「「定言命法」・普遍化・他者」カント研究会編『現代カント研究三：実践哲学とその射程』晃洋書房、一九九二年、五九～八九頁。御子柴善之「倫理的強制という問題」『情況：第三期』第七巻（六号）、二〇〇六年、八八～九七頁。他方、奴隷契約は、たとえ本人が本心から奴隷になることを望んでいたとしても、法的に禁止されるべき事柄である。そのため、『法論』では奴隷契約が次章で見る「私法」の中で禁止されている（6:282f.）。ただし、『法論』における「自分自身に対する義務」については、解釈の位置づけが定まっていない。Jan C. Joerden, Kants Lehre von der “Rechtspflicht gegen sich selbst” und ihre möglichen Konsequenzen für das Strafrecht, in H. F. Klemme (Hg.), *Kant und die Zukunft der europäischen Aufklärung*, Berlin: De Gruyter, 2009, 448-468. 菅沢龍文「カントの『法論』における内的完全義務——ヴォルフ、クルージウスとの対比」濱田義文・牧野英二編『近世ドイツ哲学論考』法政大学出版局、一九九三年、二二七〜二四四頁。

第二章

社会契約論

——国家の設立は義務である

支配の正統性とは何か

なぜ私たちは国家のもとで暮らしているのか。政治思想の歴史において、国家の存在しない状態は、自然状態と呼ばれてきた。どうして私たちは、自然状態に暮らすのではなくて、国家の支配にしたがわなければならないのか。こうした問いは、支配の正統性をめぐる問いと呼ばれる。なぜ国家は私たちを支配していいのか、その根拠となるものが正統性である。こうした問いに対して、カントはどう答えるだろうか。前章の議論からは、次のような答えが予想されるかもしれない。すなわち、私たちが国家の支配を受け入れるのは、人々が自由の権利を安全に享受したいと望み、互いに契約を交わして国家を設立したからだ。

しかし、意外に思われるかもしれないが、カントはこうした答えを用意してはいない。こうした思考の経路を辿ったのは、近世ヨーロッパにおいて、社会契約論者と呼ばれた人たちであった。ホッブズからロック、ルソーに至るまで、国家支配の正統性は、人々の契約に求められてきた。社会契約説のロジックはこうである。国家の支配が正統であるのは、人々が互いに国家を設立することに合意したからだ。国家は望んでもいない人々を、無理やり支配しているわけではない。旧来の王権神授説が、国王には神から国家を支配する権利が与えられていると主張したのに対して、社会契約説は、人々の合意があってこそ国家の支配は正統なものになると主張した点で、革新的であった。

社会契約論の要点は、自然状態に暮らすことが、国家のもとで暮らすことと比べて、いかに不都合・不便な状況であるのかを示すところにある。自然状態の不都合・不便を解消したいと望む人々であれば、国家設立の契約を交わすはずだというわけである。自然状態と社会契約は、国家支配の正統性を調達する一組の論理装置なのだ。

ここには、支配の正統性とは別に、支配の正当さ（justness）や正義（justice）も関係してくる。正統（legitimate）と正当（just）は、日本語の発音は同じだが、異なる意味を持っていることに注意して欲しい。上述したように、国家あるいは特定の権力者が私たちを支配してよい根拠がある場合、その支配は正統性を持つと言われる。神から国王となる権利を授かったのだという説明も、一つの正統性のあり方ではある。これに対し社会契約説は、そうした説明は国王が支配してよい根拠を与えるものではないと批判したのである。他方、正当さや正義は、何が正しいのかという点に関係する。国家に関して言えば、なぜ支配してよいのかというのが正統性の問いであるのに対し、正しく支配しているか、適切に支配しているのかというのが正当さ・正義の問いである。

社会契約論において、国家の支配の正統性が人々の合意（契約）にあるのに対し、自然状態の不便を解消する支配が、正義に適った正当な支配である。例えば、ホッブズであれば生存、ロックであれば自由と所有を保障する支配が、正当である。自然状態では、これらが何らかの理由によって危機にさらされている。国家設立の契約は、こうした不便の解消のために締結されたのであり、支配者はそうした契約を守らなければならない。つまり、社会契約論においては、一方で国家設立の契約行為（合意）が支配の正統性を提供し、他方でその契約の内容が支配の正義を提供することになっている。

だがカントは、社会契約という考え方に、このように同時に二つの問題の答えを求めることはしなかった。むしろ、一見奇妙なことに、カントにおいて社会契約は、国家の正統性を調達する論理装置としてではなく、支配の正義を調達する理念として論じられる。簡単に言えば、国家が支配する根拠は、それまでの社会契約論者と違って、人々の契約（合意）には求められなくなるのだ。

先に結論を述べておけば、カントによれば、自然状態は不正義の状態であり、それゆえに、そこから脱出して国家の支配のもとへ移るということは、すべての人の義務である。他方、国家が設立された後、正義に適った統治を行なうということが支配者の義務である。正義に適った統治は、すべての人の合意にもとづいて行なわれなければならない。カントはこうしたすべての人の合意を、根源的契約と呼んだ。つまり、どんな統治が正義に適っているのかを判断するものが、根源的契約という一種の社会契約の考え方なのである。ここには、近世社会契約論の伝統からの離脱が見られる。と同時に、社会契約というモティーフが正義の原理を導出するためだけに用いられるという、理論的な画期が見出される。

本章では、こうしたカントの独特な社会契約論について見ていきたい。カントの独特さがより明確になるように、先行する社会契約論者の基本的な論理を先に見て、それと適宜比較していこう。カントの社会契約論を理解するにあたっては、自然状態での法のあり方がどのようなものかをまず理解しなければならない。そこには、一般的に所有権と呼ばれるものもかかわってくるだろう。

近世の社会契約論──ホッブズ・プーフェンドルフ・ロック

近世社会契約論の雛形をつくったのは、トマス・ホッブズ（一五八八－一六七九）であり、カントの議論もそれをかなりの程度意識している。ホッブズによれば、人間は自然本性として、自己保存に駆り立てられている。自己保存のために必要なあらゆることを行なう自由は、人間に認められた自然権である。だが、自然状態では、こうした自由が万人に平等に認められているがゆえに、むしろ自己保存が危機に瀕してしまいかねない。自らの生命を保存したいと思うあまり、人々は他者に対して不信感を抱くだろう。あいつは俺の命を狙っているのではないか、俺の食べ物を奪おうとしているのではないか、というわけだ。ホッブズによれば、確かに理性の働きによって、正・不正、善悪といった道徳的判断は可能である。自然状態においては、こうした道徳律が唯一の法、つまり自然法となる。しかし、他者が自然法を守ってくれるという保証はない。自分だけが自然法を守るとすれば、他者に出し抜かれ、最悪の場合、生命さえ奪われかねない。自己保存のために合理的なのは、むしろ他者を出し抜き、支配しようと先手を打つことである。こうして自然状態では、各人が絶えざる相互不信に見舞われ、万人が万人に対して戦争状態に置かれる。

ホッブズによれば、自然状態を脱するには、互いに闘うよりも、闘いをやめておいたほうが、自己保存のためには良いと判断できるほどにまで、互いに他者に対して抱く恐怖が大きなものとなっていなければならない。つまり、互いに相手を攻撃しあわないように約束したほうが、自分にとって得になるという判断ができてはじめて、自然状態を脱するきっかけが生まれる。しかし、ただ約束を交わし合うだけでは、相手がそれを守ってくれる保証はない。そこで人々は、誰かに自分たちの自然権を譲渡し、約束を守らない人を力によって罰する権利を与える、という契約を結ぶのが合理的だと判断するだろう。これが、国家設立のための契約である。この契約によって支配者（主権者）が選ばれ、支配者は今や臣民となった契約参加者に対して、約束を守らなければ生殺与奪も辞さないという恐怖を与えるのである。

こうした議論は、功利主義的かつ主意主義的である。功利主義は、一般に、望ましい結果（利益）をもたらす行為を善いものだと評価する考え方である。ホッブズの社会契約論が功利主義的なのは、自然状態における自己保存の不確かさと、国家における自己保存の確かさが比較衡量され、後者の方がより望ましいために社会契約が結ばれるだろうと推論しているからである。他方、主意主義（voluntarism）とは、かなり大雑把に言えば、真理や知性よりも意志（voluntas）こそが大事だ、とする考え方である。契約参加者の意志（合意）によるものとして、国家への服従を正当化する点で、ホッブズの議論は主意主義的だと言える。

このような功利主義的・主意主義的な特徴は、他の社会契約論者にも引き継がれている。例えば、社会契約論の歴史の中で、ホッブズとロックをつなぐ位置にいるとみなされている人物に、ザムエル・フォン・プーフェンドルフ（一六三二－九四）というドイツの法学者がいる。プーフェンドルフは日本ではまだまだ研究が進んでおらず、一般的にはあまり知られていないが、その著作は一七世紀から一八世紀にかけて、ヨーロッパ中で自然法論の教科書として読まれていた。彼の議論が幅広く受け入れられたのは、プーフェンドルフが、ホッブズの人間本性の過激な描写――自己保存に突き動かされる利己的な存在――に反論しているからであろう。

ホッブズによれば、自然状態は万人の万人に対する戦争状態であり、人間は勤労に励まず（勤労に励んでもその果実を奪われるかもしれない）、技芸や文芸なども発展しない。だが、プーフェンドルフによれば、人間の本性は社交的である。自然状態においても、共同体を形成して暮らし、技芸も発展していただろう。それゆえ、自然状態における人間の生活は、ホッブズが言うように「孤独でまずしく、つらく残忍でみじかい」わけではない[1]。しかし、プーフェンドルフによれば、にもかかわらずやはり自然法だけでは、平和の確立は十全ではない。自然法を守らなかったほうが、自分の利得になると考える人々は、やはり存在するからである。したがって、自らの自由を放棄し、支配者に服従することによって、人々は相互に侵害し合うことを回避しようとするだろう。「人間が市民社会を自発的に求める場合には、そこから自分にもたらされる、何らかの利益を考慮していたことは必然的である」[2]。

古典的自由主義の祖に数えられるジョン・ロック（一六三二－一七〇四）にも、主意主義と功利主義の要素が顕著である。プーフェンドルフと同様、ロックにおいても自然状態は惨めな状態ではないが、潜在的には戦争状態である。そこでは、各人の生命・自由・所有が常に危機にさらされている。こうした危機を脱するため、人々は互いに合意し、自然状態で暮らしているよりも、より快適・安全で平和な生活を送るために、国家を設立するのである。

ロックにおいて明確化されるのは、国家の支配が、生存・自由・所有を享受するという目的のために、人々によって政府に信託されたものであるという点だ。ホッブズやプーフェンドルフにおいては、人々は自分たちの自由をまるごと支配者に譲渡する契約を結び、支配者は絶対的な権力をもって人々を支配する。それに対してロックの場合、人々の生存・自由・所有を侵害する政府は、端的に信託違反だとみなされる。この場合、人々は政府に与えた信託を撤回し、自然状態において持っていたのと同じ自由を回復し、再び自分たちの信託に応えうるような政府を設立することができる。ここにおいて、国家の支配の正統性は、支配の正義に条件付けられている。つまり、人々の生命・自由・所有の保障という目的を達成する政府（支配の正義）にこそ、人々は合意可能なのであり（支配の正統性）、そうでなければ、人々は政府を任意に取り替える権利を持っているのだ。

社会契約は義務である？

こうした社会契約論の先行者たちに対し、カントはその特徴であった、主意主義と功利主義をともに否定し去っている。[3] カントにとって国家の設立は、望ましい結果のために正当化されるのでもなければ、人々の合意によって正当化されるのでもない。それはむしろ義務なのである。

カントによれば、複数の人々が共同体を形成するために交わす契約には、家族を形成する婚姻契約や、主人と奉公人からなる家社会を形成する契約など、さまざまなものがある。そのいずれにしても、「複数の人々が、何らかの（全員に共通する）目的のために結合するということ」は共通している。しかし、国家設立の契約における結合は、「それ自体（各人が持つべき）目的である」という点で他の契約とは異なっている。この結合は、「相互に影響を及ぼしあわざるをえない人間が、他の人と関係する際に、無条件かつ第一の義務とするものである」（「理論と実践」8:289. 強調は網谷）。

カントにおいて、義務とはいつどこの誰にでも当てはまる命令、定言命法であった。近世の社会契約論者の主張は、カントの語彙で言えば、仮言命法である。彼らは「あなたが自分の生命の保存（あるいは自由・所有）を安全に享受したいと望むのなら、国家を設立した方がよい」と勧告する。しかしカントによれば、国家設立はこうした仮言命法ではなく、次の形で定式化される義務である。

> 他のすべての人と互いに隣り合って生きることが避けられない関係にある以上、自然状態から法的状態、すなわち配分的正義の状態へと、移行すべきだ。（『法論』6:307）

法的状態は、ここではとりあえず国家と同義だと考えてよい。法的状態への移行が義務だということの、論理的な帰結は非常にショッキングである。前章で見たように、法義務は他者によって強制可能なものであった。したがって、カントによれば、法的状態への移行もまた、強制可能である（以下の「市民的体制」は国家のことである）。

外的な対象を自分のものとして持つということが法的に可能でなければならないなら、主体には、こうした客体に関して私のものとあなたのものとの争いが生じることになる他のすべての人を強制して、自分とともに市民的体制に入るようにするということが、許容されている。

（『法論』6:256）

驚くべきことに、それまでの社会契約論の眼目であった主意主義は、ここで捨て去られている。というのもカントは、国家への移行は他の人に対して強制できる、と主張しているからだ。望むと望まざるとにかかわらず、国家に入らなければならないというのだ。しかし、いったいなぜ、例えば自然状態に留まっておこうとする人をも、市民社会へと入るように強制することができるというのか。これは、前章で見た、生得的な自由権と矛盾するのではないか。

『法論』の体系

カントの論理を理解するためには、まず法体系がどのように構成されているのかを見ておく必要がある。カントによれば、国家への移行の義務は、「自然状態における私法」から導出される（『法論』6:307）。言い換えれば、自然状態における私法のあり方を考察すれば、国家への移行が義務であると分かるというのだ。

『法論』は、第一部「私法」、第二部「公法」から構成されている。私法は現代では民法という意味を持つが、カントの時代には、国家が存在しない状態、すなわち自然状態における法を指していた。自然状態は、国家において制定される実定法が存在せず、また裁判所も存在しない状態である。そこでは、各人は自らの理性にしたがって、主観的に正しいと思うことを行なうしかない。この意味で、自然状態の法のあり方は私的なのである。他方、「公法」は国家設立後の法を意味し、国家の法である国法、国家間の法である国際法、そして諸国民の間での法である世界市民法からなっている。国家のもとでの法が公法と呼ばれるのは、それが誰にとっても明らかなように公布されるべき法だからである。これは自然状態における法、すなわち私法のあり方とは対照的である。

『法論』第一部「私法」では、何らかの行為によって取得される権利が論じられている。カントによれば、権利には二種類のものがある。第一に、どんな行為にも先立って、生まれつき認められる権利である。これは、どんな人にもその人間性のゆえに認められる、生得的な自由権である。第二に、何らかの行為によって取得される権利がある。これは、自分の外にある何らかの対象（外的対象）を「自分のもの」とする権利だと言い換えられる。カントは取得的権利として、物権・債

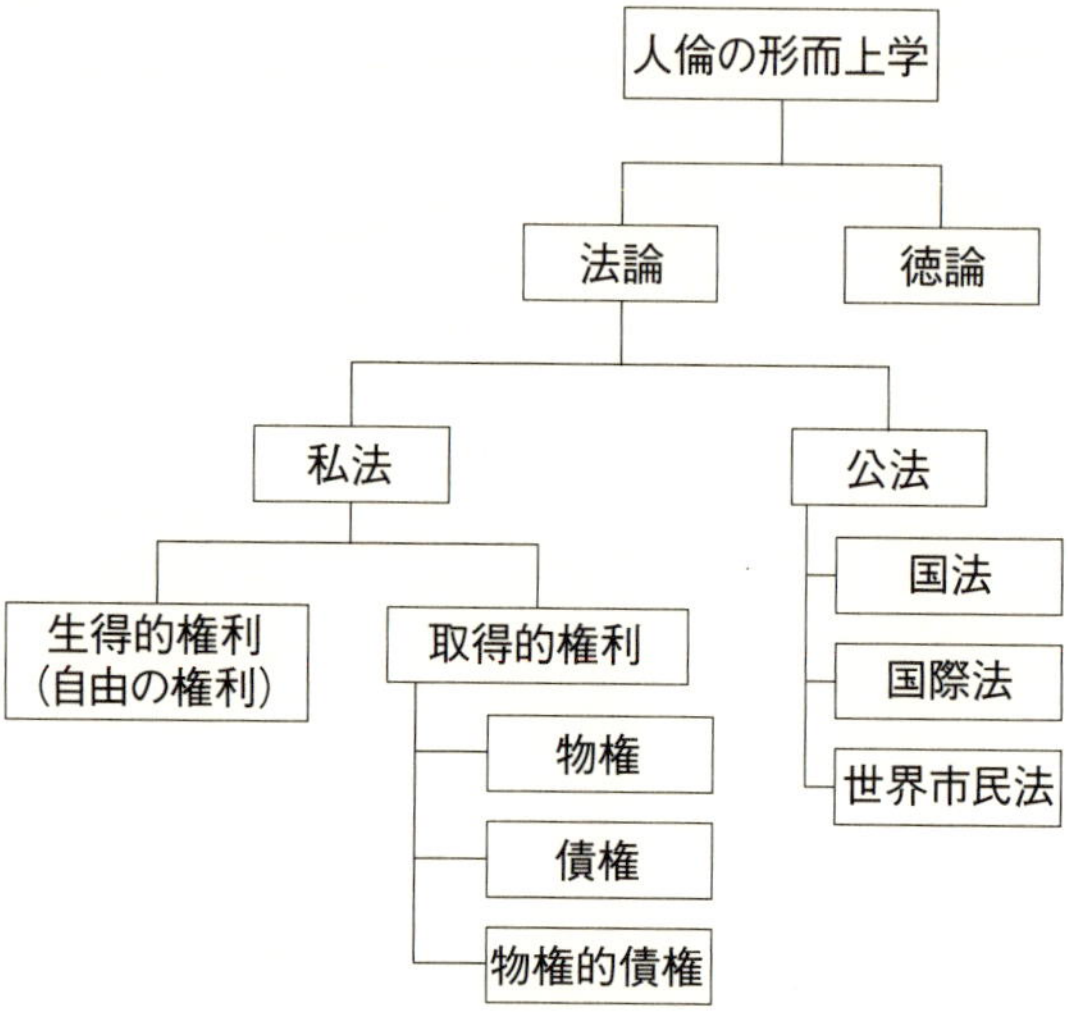

図３　人倫の形而上学の体系

権・物権的債権という三つを区別している（図３）。

物権は物を自分のものとする権利であり、これは一般的に所有権と呼ばれる権利である。債権は他者の選択意志を自分のものとする権利であり、典型的には、何らかの契約を交わし、その契約によって定められた義務を相手に履行してもらう権利である。契約を通じて、将来、何らかの行為が履行されることが約束されるが、そうした行為を履行する相手の選択意志が、自分のものとなったとみなされるのである。最後に、物権的債権は、正確には、物に対する仕方で人格に対する権利と呼ばれ、家族権を構成する。これは他者を物件のように占有しつつも、しかし人格として他者を取り扱う権利である。例えば、夫が逃げ出したとすれば、妻は夫をあたかも他者に奪われた物件を取り戻すようにして、自分のもとに連れ戻す権限がある。だが、妻は夫を、夫は妻を、親は子を、家長は奉公人を、人格として扱わなければならない。物を処分するように子を売却したり、奉公人を道具のように酷使してはならない。これが物権のような仕方で、しかし人格として、他者を取り扱う権利である。(4)

このように、物権・債権・物権的債権は、いずれも外的な対象を何らかの形で自分のものとする権利である。カント哲学の用語法では、「内的」というのは自分以外にはかかわらないという意味であり、「外的」というのは自分以外のものにかかわるという意味である。こうした区別にもとづいて、生得的権利（自由権）は「内的な私のもの」、取得的権利（物権・債権・物権的債権）は「外的な私のもの」と呼ばれている。

『法論』第一部「私法」は、外的な私のもの、つまり取得的権利を包括的に論じており、しかも、国家の設立義務を導くのに重要な役割を果たしている。ただし、その議論は極めて錯綜しており難解だ。ここでは、そのエッセンスだけを取り出しておきたい。

「自分のもの」とはどんなものか

『法論』第一部でカントが問うているのは、何かを「自分のもの」として持つということは何を意味するのか、そしてそれは法的にいかにして可能なのかということである。「自分のもの」という概念は、一見自明に見えるが、実は哲学的な問題をはらんでいる。

こんな場面を考えてみよう。例えば、レストランに入り、入り口の傘立てにビニール傘を置いておくとしよう。食事を終えて店を出ると、ビニール傘がなくなっていた。外を見れば、一人の男が私のものとおぼしきビニール傘を持って歩き去っていくところである。男を呼び止め、傘を返すように言ったところ、男はこう言い返してきた。「どうしてこの傘が君のものだと言えるのか。名前も何も書いていないじゃないか。僕は君から傘をもぎ取ったわけではないよ。置いてあった、誰のものでもない傘を自分のものにしただけだ」。私たちは直観的に、これは詭弁であり、その傘は私が持ってきたのだから私のものだ、と反論したくなるだろう。しかし実際のところ、私と傘が紐で結ばれているわけでもないのだから、他の人が私とその傘には何の関係もないのだと判断してもおかしくないのではないか。それでは、私たちが何かを自分のものとして持つと言うときには、何を意味しているのだろうか。

カントによれば、何かを自分のものとして持つということは、それを誰か他の人が私の同意なく使用すれば、私自身を侵害することになるという状態を意味している。私を侵害するというのは、この場合、私の選択意志の自由が毀損されるということである。つまり、私の同意なく使用すれば、私の自由が侵害されることになるものが、「私のもの」である。先ほどの例で言えば、私たちが男の行為に納得がいかないのは、私の同意なくその傘が使用されているからである。私はその傘を使おうと思っても、男が使っているのだから使えない。この意味で、私の自由が侵害されているのだ。

しかし問題は、傘立てに置いてあった傘がどうして私のものだと言えるのか、ということである。

カントによれば、何かを自分のものとして持つためには、それを占有していなければならない。占有（Besitz）とは、まさにその物を占めているということである。しかし、今・ここで物を「身につけている」「保持している」「占めている」といった意味での占有であれば、先ほどの男の反論に言い返せないだろう（私は傘をそのとき保持していたわけではない）。実際、物理的に対象を所持しているという意味での占有についてだけなら、「取得的な権利」という概念を考察する必要はない、とカントは言う。というのも、私が今・ここで所持している物を他人が奪い去ろうとすれば、それは単に私の自由の侵害であり、その場合には生得的な自由権だけが問題となるからである。したがって、取得的権利、あるいは「何かを自分のものとして持つ」ということを考える場合には、今・ここで物理的に所持しているという形以外で、占有概念を捉えなければならない。

こうした物理的な所持ではない形での占有を、カントは「叡智的占有」あるいは「単に法による占有」と呼び、「物理的占有」あるいは「経験的占有」から区別している。これはまさに、経験的なものと理念的なものを区別する、批判哲学の応用である。外的な対象を自分のものとして持つという場合に問題になるのは、今・ここで物理的に占有しているかどうかではなく、叡智的に占有しているかどうか、ということなのだ。

叡智的占有は、「今・ここ」という時間と空間の条件を度外視して、その対象と私の選択意志の関係だけを重要なものと見なす、占有のあり方である。傘立てに置いておいた傘は、私と言わば見えない糸で結ばれているとみなされるのだ。過去の時点で、私は何らかの仕方でその傘を取得した

（人から買ったり、自分で作ったかもしれない）。この段階で、私の選択意志と傘との間には、法的な関係性が成立する。私が傘を取得する際に、他人の自由を侵害していないとすれば（人から買ったとすれば合意にもとづいているだろうし、自分で作ったのであれば他の人には何も関係がない）、その傘を自分のものとして持ったとしても法的には問題はないだろう。こうしたところから、カントは何かを自分のものとして持つためには、その物を取得するきっかけと、それを自分のものとして持とうとする意志さえあればよいと主張する。

呆れるくらいあっさりした考えである。何かを自分のものとして持つためには、物を取得したという事実と、それを自分のものとする意志だけが必要だというのだから。しかし、こうした簡潔な条件からは、重大な帰結がもたらされる。「私のもの」となった外的な対象について、他の人はそれを私の同意なく勝手に使用することを控えるよう、義務付けられることになるからである。なぜなら、その対象は私と法的な関係性を持っており、それを私の同意なく使用すれば、私の自由が侵害されると見なされるからである。権利と義務は相互に対応する概念であった。取得的権利とは、私のものを勝手に使用しないよう、他の人を義務付ける権能である。これは法の普遍的原理が、生得的な自由権（内的な私のもの）を超えて、取得的な権利（外的な私のもの）にまで拡張されることを意味している。第一章で見たように「法の普遍的原理」から派生する「法の法則」は、「あなたの選択意志の自由な使用が、すべての人の自由と普遍的法則にしたがって両立しうるよう、外的に行為せよ」と命令する。今や、この法の法則が、自分のものとなった外的な対象にまで拡張されることになるのだ。

叡智的占有に賭けられているもの

しかし、叡智的占有という概念を導入することによって、どんな利得があるというのだろうか。それは、私が何かを「自分のものだ」と言うときには、その対象を介して、私と他人の選択意志の関係だけを問題にすることができる、という点に求められる。私とその対象の関係性ではなく、対象を通じて私とかかわりを持つ他のすべての人と、私の関係だけが重要なのだ。傘立てに置いた傘についていえば、私が傘立てにへばりついてその傘を所持していたかどうか（私と傘の関係）、あるいは、男が手に取ろうとしたときに誰かがその傘を所持していたかどうか（男と傘の関係）が問題ではない。そうではなくて、傘を介して関係しあっている、私と男の選択意志の自由が両立するかどうかだけが問題なのである（この場合、男の行為は私の選択意志の自由とは両立しないがゆえに、不正である）。占有を叡智的に考えるということは、このように時間・場所を度外視して、ある対象を自分のものとしている人と、それにアクセスしようとする他者の自由が両立するかどうかだけを問う見方を開くのだ。

こうした「自分のもの」の捉え方は、まさに法の普遍的原理に適った見方である。普遍的法則にしたがって他のすべての人の自由と両立可能であれば、その行為は正しい。第一章で見たように、ここで「普遍的法則にしたがって」が意味するのは、すべての人が平等に法則に拘束されるのと同時に、その法則がすべての人の意志によって立法されている、ということだった。法則によって平等に拘束される者であると同時に、その法則の共同立法者でもあるという資格を与えるのが、生得的な自由の権利である。このことは、取得的権利にも当てはまる。

第一に、私が何かを自分のものとすることで、他の人に対してそれを勝手に使用しないよう拘束が課せられるのと同様に、私もまた他の人のものを勝手に使用しないよう拘束されている。私だけが特権的に他者を拘束するのではなく、私も他者と平等に、相互に互いの取得対象に関して拘束されるのである。

第二に、取得的権利に関しても、各人は法則の共同立法者とならなければならない。私独自のルールに沿って私のものとなった対象に、他者が手を触れないよう強制されるとすれば、他者は私の選択意志の一方的な強要のもとに置かれることになるだろう。そうではなく、他者とともにつくったルールに沿って、私が対象を取得し、自分のものとするからこそ、他者はその対象から手を引くよう、正当な形で強制されうるのである。これは、私が何かを自分のものとすることができるのと同様に、他のすべての人も、それが正当な形で取得されたものなのか、私に問い返すことができるということを意味する。つまり、他の人は、私がそれを自分のものとすることによって、本当に万人の自由の両立が侵害されていないか、正当化するよう求めることができるのだ。先ほどの例で言えば、傘を返してくれと言われた男は、「傘が君のものだという証拠はあるのか」と問い返してくるかもしれない。そして実際、男にはそのように正当化を求める権利がある。

もちろん、物権・債権・物権的債権のそれぞれの対象は、正当な仕方で、つまり万人の自由と両立しうる仕方で、取得することが可能である。物権については、対象が誰のものでもない無主物であり、それを他の人に先んじて占有する（先占と呼ばれる）ということが、正しい取得のための条件となる。債権は他者の選択意志を自分のものとする権利だが、これが正しく取得されるためには、相手との合意、すなわち契約が交わされなければならない。物権的債権は、典型的には、夫が妻を、妻が夫を自分のものとする権利であるが、そこにもやはり婚約という契約がなければならない。

何かを自分のものとしようとする人は、こうした正当な取得手続きを踏むことが必要である。しかし他方、他の人はその取得手続きが本当に正当なものであったのかを問い直すことができる。私だけが、私の取得手続きは正当なものであった、万人の自由と両立するものだと考えるだけでは十分ではない。他の人にとってもそのように判断されるのでなければ、法的に正しい仕方で、何かを自分のものとして持つことはできないのだ。このように、カントは取得的な権利についても、主観的な判断による正当化のみならず、客観的な正当化が必要だと主張するのである。叡智的占有に賭けられているのは、私だけの自由ではなく、私と他のすべての人の自由の両立を問う視点なのだ。

ロック所有論への批判

こうした議論は、カント以前の自然法学者の説からは一線を画すものである。近代の所有権理論を打ち立てたとして名高いのは、ロックである。ロック以前には、プーフェンドルフが、何かを自分のものとするためには、他者との暗黙の合意が前提されなければならないと主張していた。[5]『創世記』によれば、地球上のすべてのものは神によって創造されたものであり、本来的には神の所有物である。ただし、人間は自らに役立つようにそれを使用することが、神から許可されている。人間は世界を所有しているのではなく、神からその用益権を与えられ、世界を共有しているにすぎない。したがって、共有物の一部を自分だけのために使用するには、人々の間でそれを許可する何らかの条件が取り決められている必要があるだろう。暗黙のうちにでも、こうした取り決めがなければ、何かを自分のものとすることはできないというわけだ。

これに対してロックは、何かを自分のものとするのに、あったかどうかさえ分からない暗黙の合意を引き合いに出さなければならないのは、理に適っていないと主張した。[6]ロックによれば、無主物に労働を加えさえすれば、それを正当な仕方で所有することができる。自分の身体が自分のものであることは自明であろう。同様に、自分の身体によって労働が加えられた対象も、（それが無主物であれば）自分のものになることは自明だ、というのである。

確かにこれは直観的に分かりやすい議論である。しかし、カントの側からすれば、二点の問題がある。第一に、ロックは叡智的占有という概念を導入していない。これでは、例えばせっかく労働を行なった土地から私が離れた瞬間に、他の人にそこに居座られたとしても、「ここは私の土地だ、出て行け」と反論することができない。相手は「私が来た時には君はおらず、この土地は無主地だった」と居直るかもしれない。これでは骨折り損である。確かにロックは、労働を投下することによって、対象にその人の人格が刻み込まれるというような議論も行なっているが、対象と占有者の法的な関係性を示すだけであれば、何も労働をする必要はないだろう。無主地を最初に占有したことを示すためには、表札でも立てておけばよいからだ。

第二に、より深刻なのは、ロック説では所有権の正当化が主観的にしかなされていないということである。ロックにおいては、自分が何らかの対象を無主物だとみなし、そこに労働を投下しさえすれば、即座にそれは自分のものとなり、権利が発生する。これに対して、他者がそれは本当に正当な取得だったのかと問い掛け、正当化を求めるような余地はないのだ。

この問題が深刻な形で現れるのは、いわゆるアメリカの植民地問題についてである。ロックによれば、国家は土地に対して直接の支配権を持っている。したがって、ある場所に国家を設立するためには、その土地がすでに国家に参加しようとする人らの所有物でなければならない。土地の所有のためには労働投下が必要なのだから、労働が投下された土地にのみ、国家を設立することができる。こうした理論にもとづき、ロックはイングランド人のアメリカ植民を正当化する。アメリカの原住民は広大な土地に住んでいるが、そこは労働が加えられておらず、荒れ地のままである。したがって、イングランド人がそこに入植して、土地を耕し、植民地を形成したとしても、「彼の所有物は他の者に損害を与えるものでもなく、他の者が彼の侵入によって権利を侵害されたと不平を言ったり考えたりする理由を持たない(7)」。つまり、アメリカ原住民は、土地を荒れ地のままにしておいたために、そこに入植して植民地を形成するイングランド人に、異議を申し立てる権利さえ持たないというのである。

確かに、ロックは但し書きを付け加えている。労働を加えたものが私のものとなるのは、「他人にも十分な善きものが残されている場合」に限る、と。(8) しかしこうした但し書きは、カント的に言えば、あまりに経験に依存した書き方である。十分な土地が残されているからといって、原住民の意を汲まずにイングランド人が入植すれば、それは万人の自由とは両立しえないことは明白である。ロックの所有権の正当化の仕方は、確かに直観的で理解しやすいが、あまりにも主観的であり、権利＝正しさ（Recht）という観点からは不十分だろう。もちろんカントも、近隣に住民がいない無主地を占有することは適法的に可能であると考えているが、「（ホッテントット、ツングース、多くのアメリカ民族のような）遊牧民や狩猟民が広大な荒れ地によって生計を立てているのであれば、これ〔開拓〕は暴力によってではなく、契約によってしか〔…〕なすことはできないだろう」（『法論』6:353）。つまり、原住民との合意がなければ、イングランド人の入植は正当化されえないのだ（こうした植民地問題については本書第四章も参照）。

自然状態――ホッブズの理想

カントによれば、何かを自分のものとするためには、単に主観的に正しいと思われる仕方で取得するだけでなく、他のすべての人も、それが正しい取得だった、誰の自由とも両立するものであると、承認しているのでなければならない。権利が権利たるためには、主観的な判断だけではなく、客観的な承認が必要なのだ。

そして、こうした権利の客観的な理解から帰結するものこそ、自然状態から脱出して国家へ移行せよという義務である。自然状態には定義上、誰の目にも明らかな形で、どのような取得が正当かを定めた公式的な法律は存在しない。とすれば、自然状態で私が何かを自分のものにしようとすれば、ただ自分の主観的な判断にもとづいて、それを取得するしかない。しかし、この取得によって、私は他者に対して、それを勝手に使用するなという拘束を課すことになる。しかし、その取得を正しい（他の人の自由と両立する）と判断したのは、私だけである。もしかすると、その取得によって他の人の自由が侵害されているかもしれない。例えば、無主地だと思った土地がすでに誰かのものだったとか、あるいは、あまりに広大な無主地を自分のものだと宣言したばかりに、他の人が移動の自由を奪われてしまったり、そこに流れる川の水を使えなくなったりすることもあるだろう。一般に、「外的に取得される客体の量と質が規定されていないこと」（『法論』6:266）のために、どの程度の量や、どんな質の物であれば、誰にとっても正当な取得になるのかは、ア・プリオリに決めておくことができない。したがって、自然状態での取得は必然的に、ただ主観的に正しいと判断されただけのものであり、それによって課される拘束は、他者にとっては一方的な拘束、つまり不当な拘束になってしまう。自然状態では、各人が主観的に正しいと思う仕方で取得を行ない、それによって互いに一方的な拘束を課し合うことにならざるをえない。

もちろん、各人は一方的に課せられる拘束に異議を申し立て、取得が他の人の自由と両立するかどうか、正当化を求めることができる。傘を取っていった男が、「その傘が君のものだという証拠はあるのか」と聞くようにである。しかし自然状態では、誰かの取得について異議申し立てがなされても、どちらの言い分に理があるのかを客観的に判断する制度——国家においては裁判所と呼ばれる——が存在しない。別の例を挙げれば、国家においてなら、私の土地に勝手に侵入し、「この土地は無主地だと思っていた」と開き直る人に対して、私は行政が管理する登記簿を示すことができるだろう。ところが、自然状態にはそうした行政府も存在しないために、事実確認さえ不可能だ。このように、対象の取得をめぐって争いが生じたとしても、それを当事者双方どちらの側にも与せずに調停するための制度は存在しないのである。

したがって、自然状態で何かを自分のものとして持つということは、常に暫定的にしか正しくないということになる。というのも、私の取得は、単に主観的に正しいと思う仕方でなされたものであり、他の人から見ても万人の自由と両立するものであるかは、定かではないからである。自然状態では法的な意味で、つまり正しさ（Recht）という観点から、自分のものとして確定するようなものは何もないのだ。カントはこのように自然状態でなされる占有を「暫定的に法的な占有」と呼び、客観的に正しいものとして認められる占有、すなわち「確定的に法的な占有」から区別している（『法論』6:257）。占有が暫定的にしか正しくないということは、つまり、その占有が他の人にとっては自由の侵害（不正）となりうるということである。したがって、カントによれば、自然状態は対象の取得をめぐって潜在的に不正がなされ続けている状態、「非・法的状態」にほかならない（『法論』6:306)。

これは従来の自然法学者とは違って、人間の自然本性といった経験的な要素を度外視した、ア・プリオリな自然状態の規定である。ある草稿の中でカントはそれを、「ホッブズの理想」と呼んでいる(19:99)。カント哲学の用語上、理想(Ideal)とは、通常の言葉の含意とは違って、ポジティブな意味だけをもつわけではない。それはむしろ、いかなる経験にもよらず、ア・プリオリな規則にしたがって、理性のみによって考え出された対象のことを指す。自然状態をホッブズの理想として考えるということは、「自然状態における法を考慮し、事実を考慮するのではない。自然状態から出て行くということは恣意的なものではなく、むしろ法の規則にしたがって必然的であるということが示される」(19:99f.)。

ホッブズは人間の経験的観察にもとづき、生存欲求に突き動かされる人間の利己的な本性が、自然状態において万人の万人に対する戦争を招かざるをえないと主張した。しかし、カントは、こうした人間本性の経験的な分析を度外視する。経験的観察から得られた事実に立脚すれば、自然状態からの脱出は必然的になされるべきもの、義務だということを結論できないからである。プーフェンドルフが主張したように、ホッブズとは別の経験的な観察によれば、人間はさほど利己的ではなく社交的でさえある。つまり、人間本性なるものは、経験的に見る限り、いかようにでも解釈できるものなのだ。実際古来より性善説と性悪説は争われてきたが、その決着は着けようがないだろう。他方、カントの場合、「ホッブズの理想」としての自然状態は、ホッブズに反して、人間の利己的な本性を前提としない。カントはただ、国家的な制度が存在しない自然状態で、外的な対象を取得するということが、必然的に不正の状態を引き起こすということを、経験とは独立に、論理的に考察しているのだ(9)。

実際、仮に性善説を採ったとしても、自然状態はア・プリオリに不法な状態であるとカントは言う。「たとえ人間は善であり、正しさを愛すると考えるにしても、こうした（非・法的）状態という理性理念の中には、次のことがア・プリオリに存在する。つまり、公的な法律の状態が設立される前には、個々の人間、国民、国家は、決して暴力に対して互いに保障されえないということである。実際このことは、自分にとって正しく善いと思われることをなし、それについて他者の見解に左右されないという、各人固有の権利から出てくることである」（『法論』6:312）。

自然状態は、確かに不正義の状態ではないかもしれないが、「正義を欠いた状態」であり（『法論』6:312）、それゆえにこそ、自然状態からの脱出は義務なのである。そして、義務であるからこそ自然状態からの脱出は、それを望まない人でさえ強制することが可能である。第一章で見たように、法は強制と結びついたものであった。強制は、不正を妨害するものとして、正しい行為を促進する限りで正当である。言い換えれば、強制は不正状態の是正としてのみ正当化される。これと同様の論理が、自然状態についても当てはまる。自然状態は、暫定的に法的な占有の状態であり、潜在的に他者に対して不正をなしている状態である。他者に不正をなされても、権利の回復を要求できる裁判所も存在しない。したがって、こうした状態にとどまろうとすることは、各人が常に不正をなし、また不正をなされうる状況に身を置き続けるということに等しい。自然状態では、互いの主観的な正しさが拮抗し、争いの決着は結局は暴力によることになるだろう。そこには法＝正しさが実現される契機が欠けているのである。それゆえ、たとえ他者に何もせず、他者からも何もされないのだとしても、自然状態に居続けるだけで「最高の不正をなしている」ことになる（『法論』6:307）。したがって、自然状態という不正な状態を脱して国家へと移行することは、それを望まない人でさえも強制することが可能な、法義務だとされるのだ。

社会契約を必要としない社会契約論

こうしてカントの社会契約論は、逆説的なことだが、近世の社会契約論の伝統から離反する。というのも、自然状態から国家への移行のために、もはや契約というモティーフに訴えかける必要がないからである。従来、自然状態での自由な人間が、わざわざ国家の支配に服するのは、自然状態での不都合を解消するために（功利主義）、自発的に国家を設立して支配者に服従する契約を結んだからだ（主意主義）と説明されてきた。しかし、自然状態を脱して国家へ入ることが義務なのであれば、それを望むとか望まないとか、あるいは合意するとかしないとかいったことは問題ではなくなるだろう。

理論的なメリットは、大きく二つある。第一に、支配の正統性をもはや合意に求める必要はない。国家の支配に服従すべき理由は、端的に、自然状態がア・プリオリに不法な状態であるということ以外にはない。確かにこれは、従来社会契約論の強みだと考えられていたものの大部分を捨て去ることのように見える。社会契約論は王権神授説に対して、支配が正統であるのは人民がそれに合意している限りでのことだという論法を用いてきたからである。しかし国家の起源が人民の合意にあるという説明には、理論的にはかなりの難点がある。

例えばホッブズの場合、支配者の意志に服従する契約を、人々は相互に取り交わす。しかし、支配者をどのような形で（一人なのか、複数なのか、期間はどうするのか、支配者の死後はどうなるのか）選ぶのかという点で、契約参加者の間には意見の相違がありえるだろう。だがホッブズによれば、もし自分の意見とは異なる内容の契約が結ばれて、支配者が立てられたとしても、それでもその人は服従しなければならない。契約に参加した時点で、「集合体の中の誰の提案することであれ、そのうちで彼らの多数派が望んだことが全体の意志とみなされる旨、残りの人と合意しなければならない〔…〕。だがもし誰か合意したがらない人がいれば、残りの人はお構いなしにこの人抜きで自分たち同士で国家を設立する。このことから、国家は合意しない人に対しては、敵に対してと同様に〔…〕戦争の権利を保持する、ということになる」[10]。平和を打ち立てるはずの契約の場面でさえ、各人は自分以外の「残りの人」に討ち滅ぼされる恐怖に怯え、多数派に合意せざるをえなくなるのだ。

人民の合意を一般意志と呼び、その支配にこそ自由の実現を見たジャン・ジャック・ルソー（一七一二－七八）においても、合意を調達する国家の設立は困難である。ルソーによれば、社会契約において、各人は相互に合意し、また、各人は全体の意志に対して服従することにも合意する。前者の相互の合意から出てくるのが一般意志であり、他方、後者の合意は一般意志への服従を意味する。人民の一人ひとりは、自らがその一部をなす一般意志に自ら服従することになり、支配は完全に人民各人の同意にもとづくようになる。ここでは、自らが合意した法律にしかしたがわないという自由――カントにも共通する自由概念――が顕現している。しかし問題は、こうした一般意志がどのようにして可能になるのか、ということである。

ルソーによれば、人間は自然状態においては本能や肉体の衝動にしたがっており、もっぱら自分のことだけを考えて行動している。どうすればこうした利己的な人々に全員に共通の利害のことを考えさせ、一般意志を創出することができるだろうか。この難問を解決するために、ルソーは「立法者」と呼ばれる神秘的な存在を案出しなければならなかった。利己的な人々を全体の利益を考える有徳な人間に作り変えるため、立法者は神々にも比される知性を持つだけでなく、「言わば人間本性をかえる力」さえ持っていなければならない(11)。ルソーの困難は明らかである。一般意志が正しく表明される制度、すなわち全員の合意が調達される制度を導入するために、神的と形容されさえする立法者の存在を不可避のものとしてしまうのだ。

仮にこうした課題をクリアできたとしても、まだ厄介な問題が残る。すなわち、国家創設の契約に参加することのできなかった後世代の人々の存在である。彼らはすでに存在する国家の中に産み落とされた。もし後世代に対する支配の正統性をもその同意に基礎づけようとするなら、どうなるか。例えばロックのように、国家のもとで暮らし、その領土の一部を土地として所有するのであれば、誰でもその支配に暗黙のうちに同意していると見なされなければならない、という苦し紛れの説明になるだろう。(12)

だが、カントにとっては、もはや国家の起源が事実どうだったのかを説明する必要はない。自然状態はア・プリオリに不法な状態であり、そこを脱出し、国家のもとで暮らすことは、端的に義務なのである。

理論的なメリットの第二は、社会契約に参加する人々について、人間学的あるいは文化的な規定を置く必要がないということである。自然状態をア・プリオリに規定することによって、人間本性の問題は一切度外視された。ホッブズにせよ、ロックにせよ、ルソーにせよ、何らかの人間本性を有する人であれば、これこれという契約を結び国家を設立することが合理的であると論じてきた。そのため、こうした社会契約論の説得力は、人間本性をどのようなものと考えるか次第である。人間は利己的ではないと考えるならホッブズは説得的ではないだろうし、社交的ではないと考えるならプーフェンドルフやロックの議論は響かないだろう。

これは、社会契約論者にとって、契約に参加しようとしない人は単に捨て置かれてしまうという事実を見ても明らかである。ホッブズによれば、自己保存を確実にするために契約に参加する人にとって、契約の外部にいる人は敵である。ロックやルソーにおいては、契約に入ろうとしない人はそのままに放置される。社会契約論において、あたかも自然状態における人々の合意が容易であるかのように見せているのは、こうした契約に加わろうとしない人々の存在を、予め排除しているからである。そこでは、何らかの人間像（人間本性）が前提とされ、その前提と合致する人々であれば合意が容易だという形で、議論が進められる。合致しない人々は、単に敵としてみなされるか、あるいは放置されるのである。例えばロックの議論で言えば、イングランド人と違って、土地の所有や労働に価値を見出さないアメリカ原住民は、植民地建設に異議を申し立てる権利を持たず、また、植民地設立の契約にも参加できず、にもかかわらず彼らに支配されてしまうのである。

カントは、自然状態の人間をあえて人間学的・文化的に規定していない。それは、経験によらず、理性によって自然状態を考察するという方法論から帰結することである。しばしば見られる偏見であり誤解であるが、カントは理性的存在者という特定の人間像をもとにして、法の体系を、ひいては道徳体系を組み立てているわけではない。確かに、道徳法則は理性によってしか立法されえない。しかしこのことと、人間が実際に理性の命じる道徳法則に常にしたがって行為するかどうかは、別の問題である。道徳の領域においても法の領域においても、完全に理性的・道徳的な人間が想定されているわけではない。むしろ自然状態は、たとえ人々がそれぞれ自らの理性にしたがって振舞っていたとしても、外的な対象の取得に関しては、常に暫定的に正しい行為しかできず、それゆえに、他者の自由を侵害する可能性を免れない状態なのである。

根源的契約の理念

こうしてカントは社会契約論の伝統から離脱する。しかし他方で同時に、その伝統を別の仕方で有効利用してもいる。すなわち、契約のモティーフは、国家の起源の説明にではなく、むしろ国家において目指されるべき正義の支配に関係づけられるのだ。実際、カントにとっても人民の合意は重要である。しかしそれは国家の起源を説明するためでも、またそれによって支配の正統性を論じるためでもない。むしろ、どのような支配が正義に適っているのかという点で、人民の合意が問題となるのだ。実際、国家の起源を問題にするのであれば、そこには暴力しか見出されないだろう、とカントは考えている。国家を設立するには、自然状態に存在するバラバラの個人の群れを束ね、その意志を一つのものにするようなきっかけがなければならない。しかし、バラバラの個人が自発的に契約を結ぶなどということは考えにくい。むしろ「暴力による以外には法的状態の開始は考えられない」(『永遠平和』8:371)。

カントは人民の合意、すなわち社会契約を、純粋に仮説として捉えている。社会契約論においては、国家の歴史的起源には人民の合意があったのだから、そうした国家の支配には服従しなければならないし、またその支配は正統であると考えられてきた。しかし、カントはこうした発想を逆転させる。

出発点は完全に正義に適った国家である。正義に適った国家であれば、その設立には誰もが合意できるだろう。こうした合意も、国家を設立するものとして、やはり一つの社会契約だと言える。しかも、それは正義の条件となるだろう。というのも、社会契約は国家を設立する手続きであり、今考えられているのは、完全に正義に適った国家だからである。カントはこうした社会契約を「根源的契約」と呼んでいるが、それは「本来、国家の適法性を考えるためだけの理念にすぎない」（『法論』6:316）。したがって、社会契約は国家の歴史的起源にではなく、言わば理性的起源に置かれていると言わなければならない。根源的契約は、完全に正義に適った国家を可能にするための理念なのだ。

今や、カントが社会契約を義務だと言うとき、その含意は、単に自然状態からの脱出としてのみ捉えられるものではないということが分かる。むしろそれは、正義に適った国家を実現せよということをも含意している。生得的自由権、そして取得的権利は、いずれも普遍的法則にしたがって、万人の自由と両立する限りで認められる。しかし自然状態では、ただ各人が主観的な正しさを振りかざし合っているだけで、普遍的法則は存在せず、また権利をめぐる衝突を裁定する裁判所も存在しない。「自分のもの」は暫定的な正しさしか持たず、他者の自由を侵害している可能性に付きまとわれている。それに対して、「自分のもの」が客観的に、つまり法的に確定した形で規定され、各人がそれを安全に享受できる国家があるとすれば、それは正義に適った国家であろう。こうした国家のもとで暮らすまでは、人々は暫定的な形でしか自らの権利を享受できず、言い換えれば、常に他者に自らの選択意志を強要していることになる。したがって、正義に適った国家を実現することは義務である。正義に適った国家が設立されるとすれば、それは根源的契約によってでしかない。それゆえ、根源的契約を結ぶということもまた義務である。

つまり、自然状態から脱出しさえすれば、義務が完了するわけではない。どんな国家でも、とにかくそこに入りさえすればいいというわけではないのだ。どのような経緯であれ、ともかくも国家が設立されたのであれば、その国家を完全に正義に適ったものへと、言い換えれば、根源的契約の理念を満たすようなものへと、造り変えていかなければならないのである。実際、カントは単に自然状態を脱して国家へ移行することが義務だと語っているわけではない。むしろ、人間は「他のすべての人と互いに隣り合って生きることが避けられない関係にある以上、自然状態から法的状態、すなわち配分的正義の状態へと、移行すべきである」(『法論』6:307)。カントによれば、法的状態とは、「各人が自らの権利を享受することができる唯一の条件を内包した人間相互の関係性」である(『法論』6:305)。それは次章で見るように、立法権・行政権・裁判権が存在し、各人の権利を保障する制度が整った、公的な正義の状態である。自然状態を脱出した人々は、こうした公的正義の状態を目指さなければならないのだ。

正義に適った国家に関して、根源的契約の理念は、二つの規範的な役割を果たすことになる。すなわち、正義に適った国家の静的・立憲的な規範と、動的・政治的な規範である[13]。基本的には長期的な形でしか変動が起きにくいという意味で静的な国家の基本的体制(憲法)のあり方と、短期的に変動する政治(立法)のあり方の、どちらか一方でも正義に適ったものでないとすれば、それは公的な正義の状態とは言えないだろう。

前章で見たように、生得的自由権は、すべての人を平等に拘束する法則の共同立法者となる資格を与える。また、取得的権利が各人に確定的に享受されるためには、取得の規則を定める法則が、すべての人によって取り決められたものでなければならない。いずれにしても、自らが立法しない法則によって、自らの行為が規制されるとすれば、自由は他人の強要下に抑圧されてしまう。逆に言えば、公的な正義の状態においては、すべての人は、自分たちの行為を規制する法則に合意可能でなければならない。

国家においては、二つのレベルで法則というものを考えることができる。つまり、一方で国家の基本的な制度を定める根本的な法則としての憲法と、その都度、必要に応じて立法される法律である。したがって、正義に適った国家では、憲法と法律のいずれの法則に対しても、すべての人は合意可能でなければならない。

一方で、根源的契約は、国家の基本的な制度、つまり憲法を正義に適ったものにしなければならない。カントによれば、「普遍的に（統一された）人民意志からしか生じえないこの根本法は、根源的契約と呼ばれる」（「理論と実践」8:295）。それは、「人々の間に完全に適法的な体制を設立し、一つの公共体を創設することが唯一可能な契約である」（「理論と実践」8:297）。他方で、この契約は理念として、国家のその時々の支配、すなわち政治（立法）をも正義に適ったものにしなければならない。根源的契約は「理性の単なる理念」として、「あたかも全人民の統一された意志から生じたかのように法律を立法するよう、どんな立法者をも拘束する」ものであり、この意味で「あらゆる公的な法律の適法性の試金石」となる（「理論と実践」8:297）。このように、根源的契約の理念は、万人が合意可能である国家体制（憲法）を司ると同時に、万人が合意可能である立法をも司ることになるのである。

カントからロールズの契約論をふり返る

こうした二重の視点は、カントから着想を得て社会契約論を政治哲学として復権させた、ジョン・ロールズにおいても見られる。ロールズは、どのような社会が正義に適った社会なのかを示す正義の原理を導出する際に、カントの定言命法と自律を参照している[14]。定言命法にしたがって、普遍的に妥当する格率を自ら選択するとき、人は自律的に行為する。さらに、その格率は、自由で平等な理性的な人格であれば誰しも、選択するであろう格率になるはずだ。それは、自分だけに当てはまるような、価値観や利己的な欲求にもとづいて選ばれているのではないからである。

ロールズは、社会の基本構造に適用される正義の原理の導出のために、こうした定言命法と自律の発想を利用する。一方で、正義の原理が適切に、理にかなった仕方で選択されていれば、その原理にしたがって行為する人々は、理性的人格として自律していると解釈される。他方で、正義の原理が理にかなった仕方で選ばれるためには、個人それぞれの社会的地位や才能や財産が、その選択に影響を及ぼしてはならない。もしそうなれば、他の理性的人格にとっては受け入れられない原理になってしまうだろうからだ。そこでロールズは、「原初状態」という思考実験を行なってみるのである。自由で平等な理性的人格をもつ、民主的な社会のメンバーから代表者を選び、「無知のベール」を被らせる。そのベールを被れば、人々は自分の現在の社会的地位や才能、財産、人生設計、あるいは相互の利害関係をすっかり忘れ去ることになる。こうした原初状態において、どんな社会であれば正義に適っているのか、そのルールを人々に決めさせると想定しよう。こうすれば、誰もが自分の境遇や社会的立場、利害を度外視し、もし自らが最悪の境遇に置かれたとしても、受け入れられるような原理を選ばざるをえなくなるだろう。議論の詳細は省くが、ロールズによれば、こうして、第一原理として最大限の平等な自由が、第二原理として機会の均等と経済的・社会的不平等の一定の是正が、万人の合意を得られる正義の二原理として決定される。

ロールズはこのように、カントの道徳哲学を再解釈することで、画期的な政治理論を提出した。ただしロールズは、さほどきちんと『法論』やその他のカントの政治的著作を検討しているようには思えない。しかし、むしろそれらを参照したほうがいっそう近道だったかもしれない。というのも、先述したように根源的契約の理念は、正義に適った国家の原理にほかならないからである。しかも私見では、これまで全く指摘されてこなかったが、ロールズが配慮している正義原理の第一と第二の関係さえ、カントの政治哲学は先取りしている。ロールズによれば、第一原理（平等な自由）は、第二原理（社会的・経済的不平等の許容範囲の確定）に優先する。つまり、社会的・経済的利益の増大を理由にして、自由の侵害が正当化されてはならない。そのためロールズは、第一原理は憲法に、第二原理はその憲法下で実施される立法に適用されるべきだと考えている。[15] 言い換えれば、正義の二原理は、憲法と政治（立法）、それぞれの規範となるのである。これは、カントが根源的契約の理念の果たすべき役割として構想していたこととよく似ている。それは正義に適った国家を導く、静的・立憲的な規範であると同時に動的・政治的な規範なのだ。

本章を終えるにあたって、カントの社会契約論の特徴をまとめておこう。第一にそれは、主意主義的・功利主義的なものではなく、義務論的と特徴づけることができる。何らかの目的を持った人々が、その目的を達成するためには締結するのが合理的だとされる、そのような契約が問題となっているのではない。カントにおいて自然状態からの脱出は義務であり、そこに契約論的発想はない。むしろ、ロールズと同様、国家の設立後にこそ、契約論的発想が効いてくるのである。しかもその契約もまた義務である。根源的契約は正義に適った国家の条件であり、そして、正義に適った国家を作ることは義務なのだから、根源的契約はそれ自体が義務である契約なのだ。

第二に、根源的契約は理念である。根源的契約は、「けっして事実として前提されねばならないわけではない（し、むしろ事実としては全く不可能であるだろう）」（「理論と実践」8:297）。にもかかわらず、それは正義に適った国家を実現せよという義務を、万人の合意という形でイメージしやすくさせてくれる。根源的契約というモティーフに込められているのは、万人が合意しうる国家体制（憲法）と立法こそが正義に適った国家の状態であり、そこでしか、普遍的法則にしたがった自由の両立は可能ではないということである。

第三に、根源的契約が事実ではなく理念であるということが意味するのは、現実は常にこの理念には及ばないということ、また、現実を理念に絶えず漸近させ続けることしか可能ではないということである。現実の政治は、常にこの理念への到達を義務付けられるが、それは一挙に到達できるようなものではない。根源的契約の理念は、完全に正義に適っているとは言えない現実の状態を、完全に正義に適った状態へと変革するよう、常に要求し続けるのである。ルソーのように、一般意志を可能にする制度を一挙に可能にするために神的な立法者を求める必要はないし、それは不可能である。いかに素晴らしく見えるような現実であれ、それは常に万人の合意という理念からは見劣りのする状態にある。であるからこそ現実の政治は、根源的契約の理念の実現、すなわち万人の自由の両立という正義の状態に向けて絶えず近づいていくことしかできないし、その労苦を支払わなければならないのだ。

さて、カントは万人の自由の両立を可能にする正義に適った国家を、共和制と呼んでいる。他方、正義に適っていない国家――典型的には君主制――においても、共和主義的に統治することは可能だとしている。次章では、根源的契約の理念から導かれる、こうしたカントの共和主義について見ていくことにしたい。

〈注〉

（1）トマス・ホッブズ、水田洋訳『リヴァイアサン（二）』岩波文庫、一九九二年、二一一頁。

（2）プーフェンドルフ、前田俊文訳『自然法にもとづく人間と市民の義務』京都大学出版会、二〇一六年、一九四頁。

（3）Wolfgang Kersting, *Die politische Philosophie des Gesellschaftsvertrags*, Darmstadt: Wiss. Buchges., 1994, 194ff.

（4）物権的債権については、樽井正義「私法における権利と義務：カントの私法論における可想的権原」カント研究会編『現代カント研究五　社会哲学の領野』晃洋書房、一九九四年、二九〜五二頁。

（5）Samuel von Pufendorf, *De Jure Naturae et Gentium Libri Octo*, trans. and ed. of 1688 by C. H. Oldfather and W. A. Oldfather, Oxford, 1934, reprinted in London: Wildy, 1964. Book 4, Chap. 4. 4.

（6）ロックが論駁しようとした先駆者についてはJames Tully, *A Discourse on Property. John Locke and His Adversaries*, Cambridge: Cambridge UP, 1980, 64-77.

（7）ジョン・ロック、加藤節訳『完訳　統治二論』岩波文庫、二〇一〇年、三三五頁。

（8）同上書、三二六頁。

（9）カントは「世界市民的見地における普遍史の理念」の中で、利己的でありながらも他者との協力を求める人間の自然本性を、非社交的社交性として記述している。そこでは、非社交的社交性が機縁となり、自然状態から国家が、国家間の自然状態から国際連合が設立されるという歴史が叙述されている。しばしば混同されているが、こうした記述はあくまでカントなりの経験的な観察による歴史の説明であって、『法論』におけるア・プリオリな自然状態の記述とは役割も機能も異なっている。前者では、いかにして自然状態から国家が設立されたのかという、事実の説明・解釈が問題となっているのに対し、後者では、そうした事実は問題にならない。カントの自然状態概念について、特に人間本性の観点から包括的に検討したものとして、斎藤拓也「カントにおける自然状態の概念——批判期にみられる概念の起源について」『ヨーロッパ研究』第一三号、二〇一四年、一五〜二一七頁。

(10) ホッブズ、本田裕志訳『市民論』京都大学出版会、二〇〇八年、一三〇頁。訳は改めた。

(11) ジャン＝ジャック・ルソー、桑原武夫・前川貞次郎訳『社会契約論』岩波文庫、一九五四年、六二頁。

(12) ロック前掲書、四三一〜四三四頁。

(13) ケアスティング『自由の秩序』一八頁。

(14) ジョン・ロールズ、川本隆史・福間聡・神島裕子訳『正義論（改訂版）』紀伊國屋書店、二〇一〇年、第四〇節。

(15) 同上書、二七〇〜二七一頁。

第三章

共和主義の理念と制度

自然状態を脱出した先に待っているのは、公的正義の状態を実現せよという義務である。自然状態は、外的な対象の取得に関して、常に誰もが不正をなし、またなされうる可能性に囚われた状態だった。したがって、こうした非・法的状態を解消し、誰もが自らの権利を暫定的にではなく確定的に享受しうる状態こそが、公的正義の状態でなければならない。誰もが他者の自由を侵害することなく自分のものを持ち、万人の自由が両立する——そうした状態である。万人の自由の両立、あるいは同じことだが、権利の確定的な享受を可能にする国家こそが目指されるべき到達点である。

このように、人間の生得的・取得的権利の概念から、自然状態のア・プリオリな不法性を経由して導き出された公的正義の状態を、カントは「理念における国家」と呼んでいる。それは「純粋な法原理にしたがって、国家はどうあるべきか」を指示する、国家の「規範」である（『法論』6:313）。「理念Idee」とは、カントにおいて、理性によってのみ考察することが可能であり、「経験におけるどんな対象も適合しえない」ものだ（『法論』6:372）。〈理念における国家〉と対になるのは〈現象における国家〉であり、前者は後者の規範として働く。

〈理念における国家〉とは何かという問いは、すべての人の自由を両立させるために、国家が満たさなければならない条件とは何かという問いと同じである。こうした万人の自由の両立を可能にする国家のあり方を、カントは共和主義と呼んでいる。「共和主義的体制は、人間の権利に完全に適合した唯一の体制である」（『永遠平和』8:366）。本章では、こうしたカントの政治哲学の核心にある共和主義について、深く考察していくことにしよう。ただし、そもそも共和主義という概念は、日本人にとっては馴染みの薄いものだろう。そこで、少々遠回りになるが、西洋政治思想の歴史における共和主義の展開をはなはだ簡単に見た後、カントに戻ってくることにしたい。

共和主義の伝統とドイツ

共和主義（republicanism）や共和制（republic）という語は、現代ではもっぱら君主のいない政体を指すものとして用いられている。しかし西洋政治思想史では、共和主義はそれだけにはとどまらない豊かな含意を持つ政治原理を意味してきた。研究者たちは、共和主義の中に古代ギリシア起源のものと古代ローマ起源のものを区別する傾向があるが、いずれにせよそれは西洋において長い伝統を持つ政治の考え方であった(1)。

一方で、古代ギリシア起源とされる共和主義は、都市国家（ポリス）での直接民主制の経験にもとづいて、市民が公共善へと献身することを重要視する。共和制や共和主義の語源となったラテン語 res publica は、直訳すれば「公的なもの」である。公共空間という政治の場で、公的な善、すべての人に共通する善を実現しようと他者とともに活動することこそ、市民の善き生であり、市民の徳だとされたのである。公的な善と対比される私的な利害の獲得に没頭するなら、それは腐敗である。公的な善に献身することこそ、市民のあるべき姿だとされた。

他方、古代ローマの共和制に由来するとされる共和主義は、確かに市民の公的な活動を重視するものの、公共善に力点を置かない[2]。むしろ重要なのは市民の自由であり、それを維持する制度である。市民が自由であるのは、単に誰かに邪魔されないでいる間だけではない。優しい主人に仕える奴隷は、確かに主人に干渉されずに暮らしていけるかもしれないが、主人の気が変われば、奴隷は主人の命令にしたがわなければならない。つまり、市民の自由は、単に邪魔されないという意味で干渉がないということではなく、むしろ干渉の可能性そのものがないということを意味する。

ローマ型の共和主義は、こうした自由を可能にするために、二つのことを重視してきた。一つ目は、チェック・アンド・バランスが働く権力機構である。現代では立法権・行政権・裁判権の三権分立が想起されるだろうが、これはむしろ歴史としては浅い。古代ローマから一七・一八世紀にいたるまでより一般的だったのは、混合政体という考え方である。例えば、立法を司る議会には平民の代表と貴族が参加し、支配権を国王が持つイングランドのような政体は、その典型である。平民と貴族と国王の利害はバラバラであるため、お互いがお互いの利益を守ろうと互いを監視し合い、権力の暴走を抑止するのである。二つ目は、市民による異議申し立てである。国家が誤った政治を行なっている場合には、市民は異議を申し立てることができなくてはならない。そうでなければ、市民は奴隷と同じく自由ではなくなるだろう。

こうしたバリエーションを持ちながらも、共和主義は西洋政治思想史の伝統を形成してきた。その軌跡は、古代ギリシア・ローマ世界から、イタリアの都市国家を経て、名誉革命やアメリカ独立革命にまで辿ることができる。しかし、こうした伝統の空白地帯も存在した。大陸ヨーロッパ、とりわけドイツである。一八〇六年のライン同盟結成によって消滅するまで、ドイツには神聖ローマ帝国が存在し続けた。一七世紀以降、帝国内には、皇帝から独立した独自の支配権・交戦権・外交権を備えた領邦国家が多数併存していた。領邦国家の中でも最大の実力を持ったのが、プロイセンである。多くの場合、領邦国家では、神聖ローマ皇帝から承認された貴族が国王として支配していた。こうした歴史的・政治的土壌では、共和主義の核となる市民の存在はかなり困難だった。人々は政治的活動に従事する市民ではなく、せいぜい臣民でしかなかったのである。初期近世のドイツには、いずれの共和主義の伝統も見出すことは難しい。

共和主義の代わりに力を持ったのは、君主の統治をめぐる思想である。君主は絶対的な権力を握ってはいるが、人民の不満が蓄積し爆発すれば、領土内の治安は破壊され、内戦に至る可能性があった。長引く宗教戦争はその代表的な例である。君主がいかに統治すれば安定した権力基盤を獲得し、国内の平穏を保つことができるのか。君主の善き統治をめぐる思想こそが重要視された。その際、興味深いことに、合言葉となったのは、古代ギリシアに端を発するとされる共和主義において中核をなしていた、公共善（salus publica）だった。君主の善き統治は人民の公共善の実現にこそある、と考えられていたのである。

一七世紀末から一八世紀にかけて、ドイツでは統治の思想が自然法思想と合流する。一般的に、近世ヨーロッパの政治思想家は公共善という言葉をよく使ったが、とりわけドイツではそれが哲学的体系の中に確固たる位置を得ることになった。この潮流の中心にいたのは、クリスティアン・ヴォルフ（一六七九－一七五四）である。ヴォルフは、ゴットフリート・ライプニッツ（一六四六－一七一六）の合理主義哲学を体系化した人物として知られているが、それだけではなく、ありとあらゆる分野を哲学によって体系化した哲学者であり、一八世紀前半のドイツにおいて多大な影響を誇った。ヴォルフの自然法論が前提にするのは、最高の善を目指して自らを完成させるという義務を、人間は神から与えられているということである。最高善を備えた人間であれば、最高の幸福に至るだろう。つまり、完成を目指す義務とは最高の幸福を目指す義務にほかならない。自然状態においては、各人は個別に幸福を最大化しようとするが、それがむしろ葛藤や闘争を引き起こす。葛藤や闘争を避け、幸福の最大化のために人々が協働するためには、命令系統がはっきりした一つの共同体、すなわち国家を設立しなければならない。国家の目的は、人々の幸福の最大化である。君主は人々の幸福の最大化のために統治しなければならないということ、これがヴォルフの自然法学から導かれる重要なテーゼである。

幸福の実現は国家が目指すべきものではない

ところがカントは、このような人民の幸福を目指した統治のあり方を厳しく批判している。カントによれば、人民の幸福を目指した統治は善き統治などではない。それはむしろ、善き統治の顔をした専制である。人が何に幸福を感じるのかは非常に多様であり、また状況に応じて変化する。にもかかわらず、もし統治が人々の幸福を目的にするとすれば、支配者が幸福だと考えるもの以外に幸福を見出す人は、自分が考えるのとは違う目的のために強制されることになるだろう。たとえ支配者が善意の持ち主であり、公共の福祉に配慮して統治するとしてもそうである。人々の幸福観はさまざまなのだから、支配者の意に沿わない幸福観を持つ人は必然的に抑圧されてしまう。こうした統治は、パターナリズム以外の何物でもないというのだ。

父が子どもに対して持つように、支配者が人民に対して持つ好意という原理にしたがって樹立された統治は、父権的統治（パターナルな支配）である。したがってそこで臣民は、何が自分にとって本当に有益なのか有害なのか判断できない未熟な子どものように、ただ受動的に振る舞うことを強制される。臣民がどのようにして幸福になるべきかということは、国家支配者の判断にしか期待できなくなり、国家支配者が臣民の幸福を望んでくれるということもまた、国家支配者の善意にしか期待できなくなる。こうしたパターナルな統治は、考えうる限り最大の専制である（臣民が何ら権利を持たず、いかなる自由も廃棄されてしまう体制である）。（「理論と実践」8:290f.）

こうした幸福批判は、倫理学におけるカントの主張と一致している。第一章で見たように、カントは幸福の実現は普遍的な善にはなりえないし、また幸福を目的とする行為は義務ではないと主張していた。カントは幸福を道徳的義務とする（ヴォルフ流の）実質倫理学から、格率の普遍化を義務とする形式倫理学への転換を果たした。同様に、カントは政治思想の領域においても、国家の目的は人民の幸福にあり、善き統治とはそれを実現する統治だとする、ドイツに根強い考え方を一掃しようとしたのである。

確かに、「公共の福祉は国家の最高の法であるという説は、今でもその価値と威信を減じることなく保っている。しかし、第一に配慮すべき公共の福祉は、各人に法律を通じて自由を享受させる、法律にもとづいた体制である」（「理論と実践」8:298）。「公共の福祉は国家の最高の法である」という説は、古代ローマの哲学者キケロにまで遡るものだと考えられている。初期近世のドイツでは、国富（農業や商業の発展、貨幣量の増加といった経済的利益）や人口の増大、あるいは特定の宗教的教義に沿った徳目の涵養などという風に、公共の福祉の内容が実質化されていったという経緯がある。つまるところ、人民の幸福を目的にしているとの名目で、市民生活のありとあらゆる領域が国家の恣意的介入の対象となってしまっていた。これに対してカントは、万人の自由を保障する法律という形式性にこそ、公共の福祉が存在すると喝破するのである。

もちろん人々は各々、適法的に幸福を追求してもよいが、それは国家の実現すべき目的ではない。

むしろ、各自が幸福の追求を自由に行なえる状態こそ、国家の目指すべき公共の福祉である。人民の幸福を目的とした法律が作られるとしても、それは「法的状態をとりわけ人民の外敵から守るため」にすぎない（「理論と実践」8:298）。むしろ積極的に目指すべきものは、「体制が法の原理と最大限に一致した状態」である。というのも「この状態を目指すように、理性が定言命法を通じて私たちを拘束している」からだ（『法論』6:318）。

法の原理と最大限に一致した状態、すなわち万人の自由が普遍的な法則にしたがって両立する状態、これこそがカントの共和主義の核心にある。それは、人間の生得的自由の権利を基礎にして、理性からア・プリオリに導かれた、実現されるべき正義の状態を指示している。公的な正義の状態は、一七九五年の『永遠平和のために』のなかで初めて「共和主義的体制」と呼ばれることになる。同時に、これはドイツ語圏における共和主義という語の初出であるとも考えられている。見てきたように、ドイツには共和主義の伝統は存在しなかった。カントが共和主義という語を用いたのはフランス革命からの影響かもしれないが、いずれにせよ共和主義の伝統から外れたドイツ・プロイセンにおいて、カントは再び共和主義を政治の語彙に取り入れ、自由の原理を国家の基礎に据えようとしたのである。

統治形式とは何か

『永遠平和のために』は、「いかなる国家の市民的体制も共和主義的でなければならない」という命題を、「永遠平和のための第一確定条項」として高らかに掲げている。しかしこの著作で用いられる共和主義の概念は、しばしば読む者を困惑させてきた。実際、カントの共和主義を完成された形で知るには、『法論』がふさわしいだろう。『永遠平和のために』から『法論』へと、カントの共和主義理解が深化していくのである。以下では、私たちもカントの思考の歩みに沿って進んでいくことにしよう。『永遠平和のために』の共和主義を見た後、『法論』ではそれがいかに整理された形で示されるようになるか、確認したい。

まずは『永遠平和のために』「第一確定条項」を検討しよう。一方で、カントによれば共和主義的な体制は、社会の構成員の自由、すべての人の立法への服従、市民としての平等を基礎にした体制である。この体制は「法概念の純粋な源泉から出てきたものである」だけでなく、最も永遠平和に近い体制でもある。というのも、共和主義的体制では戦争をするかしないかを、市民が決めることになるからだ。市民は戦争の負担を負うことを嫌がり、戦争の決断を避けるだろうというのである（『永遠平和』8:349ff.）。

こうした説明からは、共和主義的体制とは、現代で言う民主主義国家のことを指しているのだと考えたくなるかもしれない。しかしカントは、共和主義的体制と民主制は異なるものであると明確に述べている。その根拠として示されるのは、国家の分類学である。カントによれば、国家の形式は、支配を担う人数か、統治者によってどのように人民が統治されるかという、二通りの仕方で区別される。前者の区別は「支配形式」、後者の区別は「統治形式」と呼ばれる。支配形式に関して、支配者が一人であれば独裁制（Autokratie）ないし君主制、少数であれば貴族制、国家の構成員すべてであれば民主制である。これはアリストテレス以来の伝統的な区別だ。

しかしカントはさらに、国家を統治形式によっても区別している。統治形式とは、「憲法にもとづいて決められた、国家が主権を行使する仕方」であり、共和主義的か専制的かのいずれかであるとされる。「共和主義は、立法権から執行権（政府）を分離させる国家原理であり、専制は国家が専断的に法律を執行する国家原理である」（『永遠平和』8:352）。もう少し解きほぐして考えていこう。一般に、立法権と執行権は、立法権が作成した法律を執行権が執行するという関係にある。ここでは執行権は広い意味で捉えられている。行政命令を出すという行政府の役割だけでなく、法律にしたがって裁判を行なうという裁判所の役割も執行権に含まれる。統治形式はこうした立法権と執行権の関係にかかわっており、それは憲法にもとづいて決定される。したがってカントが言う統治形式とは、立憲主義の問題だと言ってもいい。

カントが専制と呼ぶのは、立法権と執行権が分離しておらず、支配者が立法を行なうと同時に執行も行なうという統治形式である。これがどうして専制と呼ばれるのかは、立法と執行の関係を、ルールの作成と適用として捉えれば分かりやすいだろう。もしルールを作った人が、同時に、どのような場合にどのようにルールを適用するか、また、どんな行為がルールに即しているか反しているかをも決定するとすれば、ルールの運用は場当たり的、恣意的になるだろう。

国家においても同様である。国家を一人の人間のように考えた場合、立法を行なうのは意志の働きである。こうした立法を担う意志を公的な意志と呼ぶ。というのもこの意志は、人々が共通してしたがうルールとして、法律を制定するからである。ところが、もし立法権と執行権が同一の人によって担われていれば、結局は執行権を担う人の気まぐれ、すなわち私的な意志によって、法律が適用されたりされなかったりするだろう。これをカントは、「元首によって彼の私的な意志として扱われる限りでの公的意志」という、矛盾した表現によって説明している（『永遠平和』8:352）。専制では、法律の執行者であるはずの元首の私的な意志が、結局法律と同様の効果を持つことになってしまうのだ。つまるところ、専制的な統治形式は人の支配である。そこでは、具体的な状況でそのつど支配者が発する命令が法律と変わらぬ効果を持つため、人々は支配者の意志を常に忖度しなければならなくなる。

それに対して共和主義的な統治形式は、法律の支配を可能にする。立法者と執行者が別々の人であれば、法律が恣意的に執行されたとしても、立法者がそれをチェックして改めさせることができるだろう。興味深いことに、カントはこうした立法権と執行権の分離した統治形式を、代表制（repräsentatives System）と呼んでいる（『永遠平和』8:352）。しばしば、repräsentatives System は「代議制」と訳されてきたが、実際にここでカントが問題にしているのは、現代の日本のような代議制民主主義では決してない。代表制は、立法権者の代理として、執行権者に法律の執行が任されているという関係を指すにすぎない。(3) こうした代理関係が成り立つためには、当然ながら、立法権者と執行権者が別々の人によって担われている必要がある。そうでなければ、執行権者が法律に即した業務を行なっているか、立法権者は監視できないだろう。それゆえカントによれば、代表制という統治形式は「〔君主制・貴族制・民主制といった〕国家形式よりも、人民にとって比べ物にならないほど重要である」（『永遠平和』8:353）。

民主制は必然的に専制である？

これまでの議論からすれば、支配形式と統治形式を組み合わせれば、図4のような六つの国家の類型がありうるはずである。しかしカントによれば、共和主義的民主制はありえない。「三つの国家形式のなかで、語の本来の意味での民主制は、必然的に専制である。というのも民主制は、全員が（同意していない）一人について決定し、ひょっとすると一人に反してまでも決定する、つまり全員ではない全員が決定する執行権を設立するからである」（『永遠平和』8:352）。民主制は国家の構成員全員が支配権を持つ体制だが、支配権の中には立法権だけでなく執行権も含まれている。つまり民主制においては、全員が立法を行ない、同時に、どのような場合にどのように法律を執行するのかをも全員が決定することになる。だからこそ民主制は必然的に専制だというのである。

これは現代の感覚では、驚くべき主張のように聞こえるかもしれない。ただし西洋政治思想史では、民主制批判はしばしば繰り広げられてきた。例えば、プラトンは民主制を大衆の情念が支配する衆愚政にほかならないと批判したし、アリストテレスは民主制を貧民の支配だとして批判した。しかしカントの民主制批判は、こうした伝統的なタイプの批判ではないことに注意しよう。カント

	統治形式		
支配形式	専制的君主制	専制的貴族制	専制的民主制
	共和主義的君主制	共和主義的貴族制	共和主義的民主制

図４　支配形式と統治形式

が問題にしているのは、「語の本来の意味での民主制」における執行権のあり方なのだ。

具体的な事例で考えてみよう。日本では行政が新しい道路を建設する場合、道路法が拠り所となっている。道路法にもとづいて、例えば駅までの新しい道路を建設する旨、行政命令が発せられることになったとしよう。カントの言う民主制では、行政命令を発するにあたって、どこに新しい道路を建設するのか、人々が全員で決定しなければならない。多くの人にとって、集落Ａの家々を通過するように道を作れば、利便性が高まる。そのためにはその家々を打ち壊さなければならない。集落Ａの人々は道路建設に反対するだろう。しかし彼らは少数派である。道路建設は賛成多数で決定される。集落Ａの人々は、家を打ち壊されても文句は言えない。というのも、こうした道路法の執行は全員で決めたことだとされるからである（本来は全員ではない全員が決定しているにもかかわらず）。また、仮にこうした決定に対する異議申し立てを受理する機関（例えば、行政事件訴訟を担当する司法裁判所）があったとしても、集落Ａの人々は敗訴するだろう。民主制では、その機関で判決を下すのは、またしても同じ全員だからである。

このように民主制では、立法と執行の人格的な分離が定義上不可能であるために、仮に法律が適切に立法されていても、その執行が人々の直接的な利害と結びつき、歪められてしまう。カントによれば、それに対して、民主制以外の二つの国家体制（君主制と貴族制）は、共和主義的統治形式を採用する余地がある。というのも、支配権を持つ支配者が一者あるいは少数であれば、支配者は自らの執行権を他の誰かに代理させることが可能だからだ。とりわけ、君主制であれば、自らの執行権を代理させるという意思決定は容易である。君主ひとりがそう決断すればよいだけだからだ。したがって、「国家権力の人員（支配者の数）が少なければ少ないほど、それに対して国家権力がより代表されればされるほど、国家体制はいっそう共和主義の可能性に合致する」（『永遠平和』8:353）。

カントが民主制を強く批判するのには、同時代的な理由もあるだろう。まず、カントは「語の本来の意味での民主制」を直接批判しており、それは古代ギリシアの都市国家型の民主制を指している。「いわゆる古代の国家はこのこと（代表制）を知らず、そのためにまさに専制へと解体せざるをえなかった」（『永遠平和』8:353）。古代ギリシアの民主制では、市民は立法だけでなく行政にも裁判にも参加した（ソクラテスに死刑を宣告した裁判は有名な例である）。しかし、なぜカントは古代ギリシアの民主制を今さら批判しなければならなかったのか。状況証拠しかないが、これにはフランス革命のジャコバン独裁批判の意図があるように思われる。革命期フランスには、古代ギリシアの直接民主制を賛美する言説が流布していた。一七九三年一〇月一〇日、山岳派の革命政府が誕生する。国内外の危機的な状況（非常事態）に直面したフランスを立て直すため、立法議会である国民公会が、ロベスピエールら一二名からなる公安委員会の暫定的な独裁を認めたのである。革命政府が行政命令として発するものは、議会の審議を経ないままに、法として通用することになった。直接民主制を強烈に志向した山岳派は、カントの言う意味での専制に至ってしまったのである。カントの主張は、こうした文脈でも理解される必要があるだろう。

しかし、民主制が必然的に専制であるとすれば、共和主義的体制とは一体どのようなものなのか。カントは一方で、共和主義的体制を市民に立法権があるかのように記述するが、すぐその後で、共和主義的統治形式は、支配形式としての君主制や貴族制でこそ可能だと述べるのである。こうした記述の分かりにくさのために、結局カントは君主が法に縛られて執行を行なう立憲君主制を支持したという結論に至ってしまう研究者も多い(4)。

しかしカント自身は、『永遠平和のために』でのこうした書き方を後に修正している。議論の本質が変更されたわけではないが、記述が洗練されるのだ。修正の機会を与えたのは、ロマン主義の哲学者・詩人フリードリヒ・フォン・シュレーゲル（一七七二―一八二九）の『永遠平和のために』書評であろう(5)。シュレーゲルはそこで、立法権と執行権の代表制に共和主義の本質を見るという、カントの見方を批判している。例えば、立法権を君主が、執行権を貴族が担うとすれば、確かにカントの定義では専制ではないだろう。しかしこれを代表制、あるいは共和主義と呼んでいいのかというのである。こうした体制は実際のところ、大陸ヨーロッパでは典型的なものだった。フランスでは国王が支配権を持ち、裁判所は法服貴族と呼ばれる貴族が担っていた。プロイセンでも、君主が支配権を持ち、行政官僚は従来は貴族が担っていた。つまりシュレーゲルにすれば、カントの共和主義はなんら現状の批判にはならないように思われたのである。

シュレーゲルにとって共和主義は、むしろ立法を担う公的意志のあり方にかかっている。立法を行なう公的意志は、ルソーにならって一般意志と呼ばれるが、それは人民すべての統一された意志でなければならない。したがって、君主や貴族といった一部の人の意志を一般意志とみなすことはできない。これはカントが挙げた市民としての平等に反している。しかしシュレーゲルによれば、より重要なことは、一般意志は理念だということである。理念である以上、経験においてはそれを実現することはできず、ただそれに漸近することしかできない。そこで重要になるのが、一般意志をどのように擬制（Fiktion）するのかということである。

シュレーゲルによれば、共和主義の要件である市民の自由と平等を満たすには、人民の多数派の意志を一般意志の代用とするしかない。もちろん、人民の中から選挙で選ばれた代議士の多数派の意志を擬制としてみなすのか、あるいは全人民の多数派の意志を直接その擬制としてみなすのかという選択肢はある。しかしいずれにしても、共和主義の本質は一般意志の擬制にあり、単に立法権と執行権の代表という関係に帰すことはできないというのだ。

こうしたシュレーゲルの批判と指摘は、非常に的を射たものである。実際、カントは『法論』以降、こうした指摘を取り入れたかのように、自らの議論を洗練させている。カントの共和主義を理解するには、『永遠平和のために』だけではなく、その完成形が記された『法論』や『諸学部の争い』（一七九八）を見る必要があるのだ。

国家体制は進歩する

シュレーゲルの指摘の重要なポイントは、一般意志が理念であり、擬制を必要とするということであった。実際、『永遠平和のために』では曖昧にされていたが、『法論』以降の著作において、カントは理念と現象の区別を明確化するようになった。大学の哲学部と法学部・神学部・医学部の抗争を論じた『諸学部の争い』の中では、叡智的公共体（respublica noumenon）と現象的公共体（respublica phaenomenon）という区分にもとづいて、共和主義が論じられている。長くなるが、重要な箇所を引用しよう（以下で出てくる「市民的体制」や「市民社会」は、一八世紀の語法では国家を意味する）。

人間の自然の権利に合致した憲法の理念、すなわち、法律に服従する者がまた同時に、統合され、立法をなすべきだという理念、この理念はあらゆる国家形式の根底に置かれている。そして、純粋な理性概念を通じてこの理念に適合するように考察された、プラトン的理想（叡智的公共体 respublica noumenon）と呼ばれる公共体は、空虚な妄想ではなく、あらゆる市民的体制一般の永遠の規範であり、あらゆる戦争を遠ざける。この規範にしたがって組織された市民社会は、経験的実例（現象的公共体 respublica phaenomenon）によって、自由の法則にしたがってこの規範を表示するものであり、幾度もの闘争と戦争の後ではじめて獲得されうるものである。しかし、一度この体制が大規模に獲得されれば、それはあらゆるもののなかで最善のものとして評価される〔…〕。したがって、この体制に入ることは義務であるが、しかし（これはすぐには実現しないので）暫定的に君主の義務となるのは、独裁として支配していようとも、それでも（民主的にではなく）共和主義的に統治すること、すなわち、文字通り人民が同意を求められないとしても（成熟した理性をもつ人民が自らそれを定めたかのような）自由の法則の精神に適合した原理によって人民を遇することである。（『諸学部の争い』7:90f.）

この箇所ではまず、国家が理念と現象の区別にもとづいて、叡智的公共体と現象的公共体に分けられている。叡智的公共体は理性によって考え出された規範、しかもあらゆる国家の永遠の規範である。それに対して、現象の中に見られる現実の国家は現象的公共体と呼ばれている。現象としてはさまざまな国家がありえるだろうが、叡智的公共体はそのどの国家にとっても目指すべき規範とされる。

他方、この分かりにくいテキストを我慢強く読めば分かるように、カントは現象的公共体の中に、規範への適合度合いに応じて、グラデーションを付けている。確かに、理性の理念である叡智的公共体は、現象の中に完全に適合した対象を持つことはないだろう。しかし、現象的公共体の中にも、叡智的公共体の規範を表示する国家の経験的実例は存在しうる。現象的公共体としてはさまざまな種類の国家があるが、その中には叡智的公共体の理念を表す実例がありえ、それは実現可能なものの中で最善のものだと評価されているのだ。

ただしカントによれば、こうした国家はすぐには実現しない。そこで、その実現までの暫定的な義務だとされるのは、共和主義的な統治である。例えばプロイセンの君主制は、支配者が一人だという意味で独裁である。しかしカントによれば、一人で支配していようとも共和主義的統治は可能である。しかも『永遠平和のために』とは違って、ここで共和主義的統治は、単に立法権と執行権の分離を意味するのではない。むしろそれは格別な統治のあり方を意味している。すなわち、一人で支配していようとも、あたかも理性的な人民であれば立法するであろう仕方で立法するという統治様式である。

このように、現象的公共体のレベルで、叡智的公共体の規範を表示する国家体制（A）と、その実現までの間、（A）以外の体制において暫定的に義務付けられる共和主義的な統治（B）とが区別されているのだ。さらに、先の箇所では言及されていないが、当然、（A）以外の体制で非共和主義的に統治する（C）という、規範への適合性が皆無の国家も存在するだろう。つまり、理念とは異なる現象のレベルにおいて、（A）＞（B）＞（C）という形で、規範への適合度合いが区別されているのだ。（A）と（B）はいずれも共和主義的体制と呼ばれうるものだが、それは「国家形式自体の点で共和主義的であるのか、それとも、ただ統治様式の点で共和主義的であるか」という違いでもある。後者（B）は、「元首（君主）が国家を統一していても、人民であれば自ら普遍

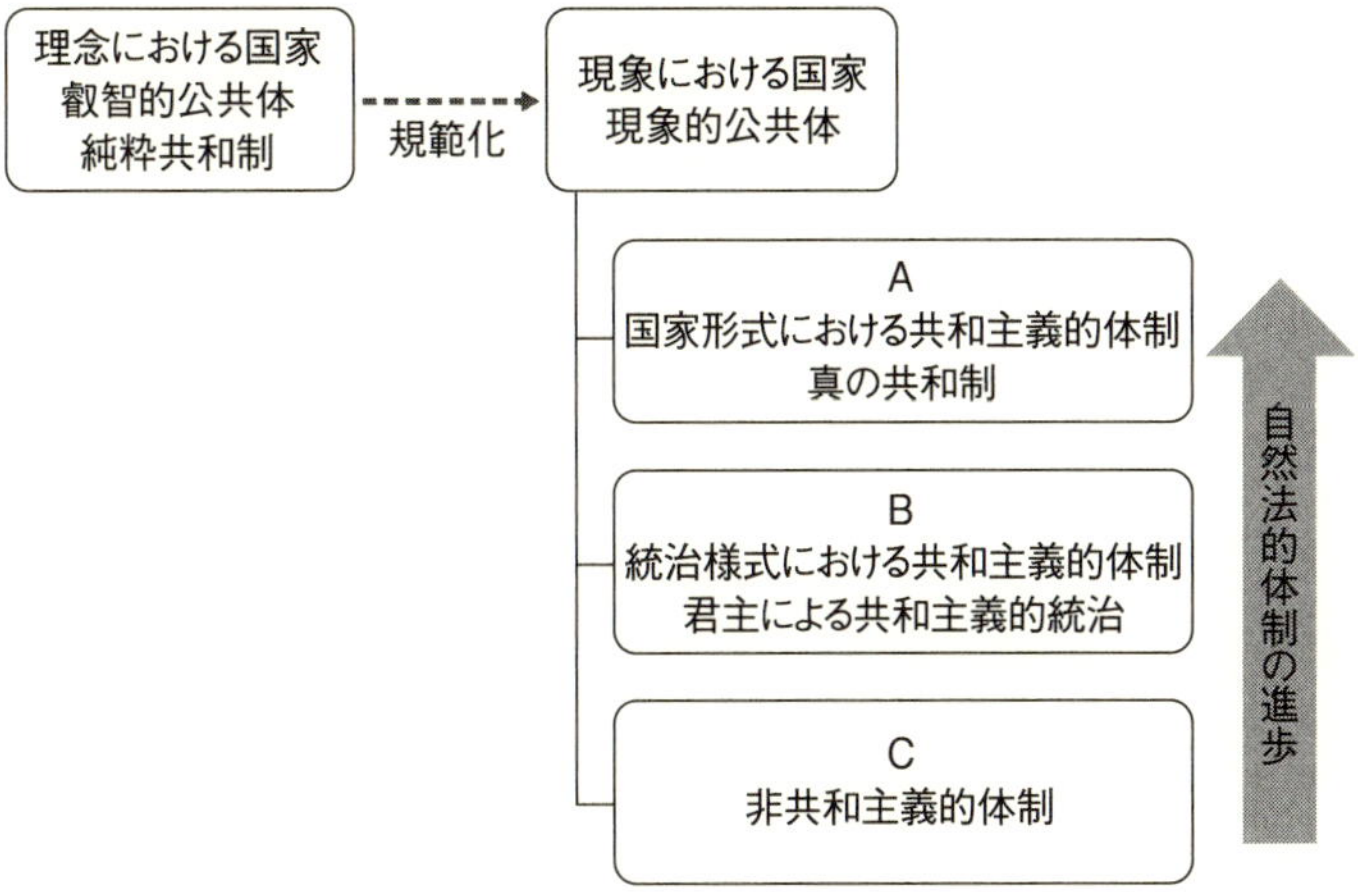

図５　自然法的体制の進歩

的な法原理にもとづいて立法するであろう法律と類比的に、国家を統治させるものである」(『諸学部の争い』7:88)。

こうしてみると、『永遠平和のために』で君主制でも可能だとされていた共和主義は、ここで言う（B）に対応し、それはあくまで（A）に到達するまでの暫定的なものでしかないことが分かる。最終的に目指されなければならないのは、国家形式における共和主義（A）なのだ。（C）から（B）を経て（A）へ向かうにしたがって、叡智的公共体の理念を反映させる度合いが高まっていく。カントはこうした体制の変化を「自然法的体制の進歩」(『諸学部の争い』7:87)と呼んでいる。『永遠平和のために』の記述は、こうした規範的な順序を明確化させていなかったために、分かりにくいものとなっていたのである。

「自然法的体制の進歩」は、一言で言えば、（非共和制における）共和主義から共和制へ、と言い表せるだろう。[6] それではカントは、あらゆる国家の永遠の規範だとされる叡智的公共体という理念を、どのように構想していたのか。そして、それを経験的な実例によって現象の中に表示するという国家体制、共和主義的国家形式（A）とはどのようなものなのか。用語法は安定していないが、『法論』においては、前者が「純粋共和制」、後者が「真の共和制」と呼ばれている。これらの共和主義を特徴づけるのは、万人の自由の両立を可能にする次の二つの原理である。

共和主義の原理①——市民主権

カントの成熟した共和主義における第一の根本原理は、市民主権である。自然状態では、人々は自らの主観的な正しさにもとづいて、お互いにお互いの自由を拘束しあっている。そこには、人々の行為を客観的に正しいものにするための制度が存在しない。それゆえ、各人は相互に不正を犯しうるという状況に置かれている。この状況を脱し、各人が自らの権利を確定的に享受するためには、人々の主観的な正しさを客観的な正しさへと変換する装置が必要である。その装置こそ、市民が立法を担うという市民主権制度である。[7]「各人が全員に対して、全員が各人に対して、同じように決定する限りで、ただ意見の一致した統合された万人の意志、つまり普遍的に統合された人民意志だけが立法をなしえる」（『法論』6:313f.）。このようにして各人の同意を得た法律が作成され、その法律にしたがって各人が行為をする限りで、その行為は客観的に正しいものとして認められる。自然状態では、他のすべての人の意志を確かめる術がなく、それぞれがそれぞれに正しいと思うことを行なうしかなかったが、この立法制度のもとでは、万人の同意を得ているという意味で、法律が客観的に正しいルールとして明示されるのだ。

「普遍的に統合された人民意志」は、明らかにルソーの一般意志に由来する表現だが、以下ではそれを普遍的意志と短縮して呼ぶことにしよう。カントはしばしば普遍的意志からあらゆる権利が生じると語っている。第一章で見たように、「法の普遍的原理」は、普遍的法則にしたがって他のすべての人の自由と両立する行為が正しい、というものであった。普遍的意志による立法は、まさにこの「法の普遍的原理」を国家において実装したものとなっている。というのも、こうして立法された法律は、すべての人が同意したものであり、普遍的法則だとみなされるからである。したがって、この法律のもとで各人が他の人の自由と両立する限りで行なうことは正しく（recht）、それゆえに行為の権利（Recht）は確定したものとなるだろう。

普遍的意志による立法が可能になるためには、人々の地位が憲法によって保障されていなければならない。そうした地位をカントは市民（Staatsbürger）と呼ぶ。市民の地位は、三つの観点から規定されている。

第一に、市民は自由でなければならない。それは、自らが同意を与えたもの以外の法律にはしたがわないという自由である。この法案に同意せよと他者に脅迫されるなら、それは同意とは言えない。各人が法案に同意できるかどうかを自分で考えて判断するからこそ、各人の同意が集められれば、統合された普遍的意志が成立するのである。

第二に、市民は平等でなければならない。これは経済的な格差が存在しないという意味ではなく、むしろ誰も法律の拘束から免除される特権を持たないという意味での平等である（当時貴族や聖職者はそうした特権を持っていた）。法律の拘束から免除される人がいるならば、各人が全員に対して、全員が各人に対して、同じように決定するということは成り立たなくなるだろう。

第三に、市民は自立（Selbstständigkeit）していなければならない。「自立」は、自らの意志が立法した法則に自らしたがうという「自律（Autonomie）」とは異なり、他人に依存せずに自ら生存を維持することができるという社会的・経済的能力を意味する。誰かに依存しなければ自分の生活を維持できないとすれば、立法の際に自ら判断する可能性が失われてしまいかねない。自分が依存している人から、この法案に同意しなければ生活を保障しないと脅される場合を考えてみればいい。

ただし、自立という概念は問題含みである。カントは市民の中に能動市民と受動市民を区別しており、受動市民を立法の際の投票資格から排除しているのだ。これはフランス革命初期の憲法と同様、制限選挙の構想である。受動市民とされているのは、子ども、女性、手工業者、親方のもとで働く徒弟、奉公人などである。カントによれば、こうした人らは誰かに命令されて働き、あるいは誰かの保護を受けているため、自立していない。この発想が問題なのは、自立していない人が受動市民として投票から排除されるからではない。実際、受動市民という名称自体は用いられないとしても、普通選挙が実施された今でも、未成年者には選挙権が与えられてはいない。むしろ問題なのは、カントがさしたる考察もなく、当時の通念にしたがって、受動市民の中に女性や手工業者、奉公人などを含めてしまう点である。理性からア・プリオリに国家の規範を導くと豪語しながら、歴史的な偏見に見舞われているカントの限界はいなめない。したがってカント爺さんの偏見抜きに考える必要がある。市民の要件に自立が挙げられているのは、他人に依存せずに自ら判断する立場にあるかどうかが、共和主義にとって重要だからなのだ。

さて、自由・平等・自立という属性が憲法で保障されているからこそ、すべての市民が自ら判断し、同意を与えた法律は、普遍的意志によって立法されたものとなることができる。こうした立法のもとでの人々の自由について、カントは「意志するものには不正はなしえない（volenti non fit iniuria）」というローマ法典由来の格言を引いている。「他の人の反対を押し切って何かを命令する人がいれば、その人は他の人に対して不正をなす、ということは常にありうるが、しかし自分が自分自身に対して決定したことに対しては不正をなしえない」（『法論』6:313）。各人の権利を保障する法律は、各人の同意にもとづいている限り、誰の権利も毀損することはない（誰にも不正はなしえない）。ここにおいて、すべての人は各人のことを、各人はすべての人のことを決定するという、集合的自律が達成される。

こうした市民主権の原理には、循環的な構造がある。簡潔に言えば、すべての人が法律のもとで自由であるためには、その法律がそもそも自由で平等な市民によって立法されなければならないのだ。こうした循環は、憲法と法律の関係に落とし込むことができる。一方で、法律が万人の自由を保障するものであるなら、普遍的意志がそれを立法しなければならない。他方で、普遍的意志の立法を可能にするには、投票以前の段階で、憲法によって自由・平等・自立が保障されていなければならない。カントの共和主義において、自由と市民主権はどちらかがより根源的だというわけではなく、むしろ、両者は互いを前提とし、等しく根源的である。

現代ドイツを代表する政治哲学者ユルゲン・ハーバーマスは、こうした自由と市民主権の等根源的性格を強調している。それはロールズの政治的リベラリズムに対して発せられた批判でもある。(8)ハーバーマスの見るところ、政治的リベラリズムにおいては、人々の私的な自由が国家権力の干渉から守られるべきものとして、市民主権の原理よりも先行している。確かに、ロールズが主張するように、価値観が多元化した社会において人々が共生するためには、人々の持つさまざまな価値観のあいだで重なり合う部分を探し、合意する必要がある。こうした重なり合う合意を基礎にして国家が運営されれば、互いの価値観を傷つけ合うことなく自由の限界が定められて、共生が可能になるだろう。しかしハーバーマスによれば、ロールズはこうした重なり合う合意がどのようにして出てくるのか、説明に失敗している。ロールズは、一人一人が自らの価値観を反省し、他者の価値観と重なり合う部分を見つけ出すことで、自然と合意が生まれるとするが、この説明は他者との実際の議論や討議を欠いた哲学者のモノローグにすぎない。合意が形成され、それが法として受け入れられるためには、他者との実際の議論・討議による公的な正当化が必要なはずである。公共的な討議だけが、社会に受け入れられる正義の構想を決める、唯一の基礎でなければならない。人々が互いの自由を規制するルールを作成するプロセスに加わらなければ、正当な法は存在せず、またそれに参加するためには、各人の自由が保障されている必要がある。こうした自由と市民主権の等根源的性格を重視する点で、ハーバーマスはロールズよりもいっそうカントの共和主義の遺産を受け継ごうとするのである。

共和主義の原理②――国家権力の組織

普遍的意志によって立法された法律は、執行されなければ実効的にはならない。さらに、権利をめぐる争いが発生したときに、当事者どちらの主張が妥当なのかを裁定する機関がなければ、国家は自然状態と変わらなくなってしまう。したがって、どのような国家にも、立法権の他に行政権と裁判権がなければならない。カントの完成した共和主義の考え方に見られる第二の根本原理は、こうした立法権・行政権・裁判権の関係にかかわっている。

『永遠平和のために』では、立法と執行の分離が問題となっていた。しかし『法論』では、執行権が行政権と裁判権に区分され、それらと立法権の三者の関係が規定される。こうした三権力の関係は、市民主権のもとでの集合的自律と深く関係している。市民の普遍的意志によって立法された法律を社会の中で実効化するのが、行政権と裁判権だ。とすると、行政権と裁判権が、もし法律とは独立に専断的に機能するとすれば、市民の集合的自律は成り立たなくなるだろう。例えば、裁判官が法律を参照することなく、独断と偏見で被告人を裁くとすれば、裁かれた人は自分が決めたのではないルール（裁判官の勝手な判断）によって支配されているということになる。これでは市民の集合的自律は成り立たなくなる。

そこでカントは、集合的自律を可能にするために、三つの権力を別々のものとして捉えるのではなく、一つの統合されたものとして捉えようとする。普遍的意志は本来は一つの統合されたものであるが、それが国家においては三つの異なる仕方で機能すると考えるのだ。キリスト教神学には、父なる神・子なるキリスト・聖霊は三つの異なる位格を持ちながら、実体（神）としては一であるとする教義があるが、それにならってカントは三権力を「政治的三位（trias politica）」と呼んでいる（『法論』7:313）。普遍的意志は、立法・行政・裁判という三つの場面で異なる仕方で機能しながらも、本質的には一でなければならないという考え方である。

本質的には一でなければならないとは、どういうことか。カントが卓抜した洞察を示すのはここである。カントによれば、三つの権力は、三段論法による一つの判断を構成するかのように組織されなければならない[9]。通常、三段論法は大前提・小前提・結論という三つの文からできている。カントは立法権・行政権・裁判権を、このそれぞれの文に対応させるのである。例えば、大前提とは、「すべての人間は死ぬ」といった一般的な命題である。小前提は「ソクラテスは人間である」というように、大前提には含まれない特殊なもの（ソクラテス）を、大前提に包摂する役割を果たす。最後に、この包摂を通じて「ソクラテスは死ぬ」という結論が導き出される。厳密に言えば、カントがここで問題にしているのは、人間の実践的行為にかかわる三段論法、すなわち実践的三段論法である。『実践理性批判』によれば、実践的三段論法によって、人は道徳的に自らの意志を決定することができる（5:89f.）。大前提は一般的な原理（道徳法則）を、小前提は個別の行為を含む。例えば「嘘を付くべきではない」という大前提があり、小前提として「あなたを愛していると発言すれば、それは嘘になる」が与えられれば、結論として「私はこの発言をすべきではない」が出てくるだろう。大前提で与えられた道徳法則のもとに、小前提が「あなたを愛している」という嘘の発言を包摂し、それを通じて「この発言をすべきではない」という風に、私の意志が規定される。実践的三段論法を通じて、私は道徳法則に適った行為を行なうことができるのだ。

カントは国家の三権力を、こうした実践的三段論法（実践的理性推論）を応用した形で捉えている。

〔立法権・行政権・裁判権の三権力は〕実践的理性推論における三つの文と同様である。大前提は、普遍的に統一された人民意志の立法する法律を含む。小前提は、法律にしたがった手続きの命令を含む、つまり、法律のもとへの包摂の原理を含む。そして結論は、当該事例において何が合法かを決定する判決を含む。（『法論』6:313）

この三段論法が先の道徳における場合と違うのは、行政権（小前提）に関してである。先ほどの例で言えば、小前提において、「あなたを愛している」と発言するという個別の行為が、大前提（道徳法則）に直接包摂された。しかし、政治的三位における小前提は、大前提に含まれる法律に即した手続きの命令である。それは、人々の行為が法律に適ったものとなるようにする、手続きを命じる。人々の行為は、直接法律のもとへ包摂されるのではなく、行政権が発する命令を介して間接的に法律のもとへ包摂されるのだ。

例えば警察官が、車両事故の起きた車線の交通整理を行なうケースを考えてみよう。警察官は、道路交通法が意図する安全な交通の状態が現実化するように、片側通行を命令する。ここで、警察官の発した行政命令に人々がしたがうからこそ、道路交通法（が意図する安全な交通）が車両事故という個別の現場で実効化されるのである。あるいは、不動産の登記簿も行政命令の重要な例である。自然状態では、誰がいつどの範囲の土地を占有したのかを客観的に証明するものが存在しないため、権利をめぐる争いが生じる。それを防ぐために、国家は土地の情報を公式的に記録しておく必要がある。日本では民法の不動産登記法がそれに対応するが、土地の取得情報が公式的なものと認められるためには、行政が発行する書類（例えば登記事項証明書）にそれを記載し提出しなければならない。このように、各人は法律に直接したがうというよりもむしろ、行政が命じる一定の手続きにしたがうことで、間接的に法律にしたがうのである。

三段論法の結論部をなす裁判権では、行政の命令に即してなされた個別の行為が、果たして本当に法律に適っていたかどうかが判断される。法的状態の最終的な拠り所は裁判権にあり、それがなければ自然状態との区別はありえない。裁判所が法律に即して、個別の事例が合法かどうかを判断するからこそ、各人の権利が確定するのである。

三段論法においては、三つの文が別々の役割を果たすことで、正しい判断が導かれる。これと同様に、各人の権利を確定的に保障する正義の状態を実現するためには、国家の三権力それぞれが機能ごとに分化し、なおかつ、立法権を上位として行政権・裁判権がその下位となるような従属関係がなければならない（『永遠平和のために』では、この従属関係が代表制と呼ばれていた）。

カントが意を砕くのは、法律と行政命令の違いである。法律が行為の正・不正を一般的に規定するのに対して、行政権が発する政令や布告は、個別具体的な場面で有効になる。行政権を司るトップは元首と呼ばれるが、それは単に国家の代理人（Agent）にすぎない。あくまで元首は、立法を担う市民の代わりに、個別の場面で行政命令を発するだけの存在である。その行政命令は、必ず法律に即したものでなければならない。他方同様に、立法権を持つ市民は同時に元首になることはできない。立法と行政は、大前提と小前提が機能上区別されているのと同様の理由で、区別されなければならないのだ。立法権を持つ市民に可能なのは、行政府が法律にしたがった命令を発しているかを監督し、場合によっては「元首から権力を取り上げ、罷免し、あるいはその行政を改革する」ことだけである（『法論』6:317）。また裁判権に関しては、立法権・行政権に携わる者は裁判を行なうことはできない。可能であるのは裁判官の任命と、事実認定のための陪審員の投票だけである。

このように三権力を三段論法として捉えるのは、こじつけめいたペダンティックな議論に見えるかもしれない。しかし、実践的三段論法によって道徳法則に適った行為が可能になるのと同様に、政治的三位が実践的三段論法として構成されることではじめて、国家の正義が担保されるのである。

すなわち、人民の普遍的意志によって立法された法律が示す客観的な正しさが、行政権の命令を通じて具体的な場面に適用され、さらに個々の行為が客観的に正しいものであったかどうかを裁判所が結論付ける。この過程においては、常に人民の普遍的意志による立法が参照され続けている。政治的三位は、人民が自ら立法した法律に自らしたがうという集合的自律に関して、そして、自然状態においては存在しえなかった正義の支配を可能にするという点に関して、極めて重要なのである。

純粋共和制と真の共和制

以上のように市民主権と三権力の特別な組織化という共和主義の原理を備えた〈理念における国家〉を、カントは「純粋共和制」と呼んでいる。

> これが唯一の存続する国家体制であり、そこでは法律が自己支配し、決して特定の人格に依存することはない。これはあらゆる公法の最終目的であり、各人に各人のもの〔権利〕が確定的に配分されうる唯一の状態である。(『法論』6:341)

まずはこれが途方もなく理念的な主張であるということに、正しく驚くことが肝心だ。人民の普遍的意志によって立法された法律は、行政や裁判を担当する人がどんな人であれ、その人の人格に左右されることなく、実践的三段論法が機械的・自動的に生成されるかのようにして、実効化されるというのだ。より分析的に捉えれば、純粋共和制という理念は、正義に適った法のインプットとアウトプットを完全に規範化したものである。インプットの局面、つまり法律を正義に適ったものにするのは、人民の普遍的意志である。純粋共和制においては、自由で平等なすべての人が法案に同意することで、普遍的な人民意志の立法が成り立つ。他方、アウトプットの局面は法律の執行にかかわる。普遍的意志によって立法された法律は、あたかも自動的に三段論法をなすかのように執行される。その際、行政や裁判を担う人間の私的利害で判断が歪められたり、判断の過ちも生じることがない。法の正義のインプットとアウトプットを完全に制御することによって、各人が自らに同意した法にしかしたがわないという集合的自律が可能になるのだ。

これを単に法律（Gesetz）の支配として矮小化して捉えてはならない。確かに、純粋共和制の理念は人治主義、人の支配を拒否している。しかし、そこでは法律そのものの正義もまた問われている。普遍的な人民意志が立法を行なうからこそ、法律の正義は可能になるのだ。したがって、純粋共和制は単なる法律の支配ではなく、法＝正しさ（Recht）の支配、真の意味での法治主義を理念化したものだと言わねばならない。

こうした純粋共和制は〈理念における国家〉として、あらゆる国家の規範となるべきものである。この理念に完全に適合する対象は〈現象における国家〉には存在しない。だが、『諸学部の争い』で見たように、カントはこの理念を実例を通じて表示する体制があると考えていた。『諸学部の争い』の用語法で言えば、それは「国家形式における共和主義」である。それは実際に実現可能な国家体制であり、実現可能なもののうちで最も規範的である。どのようなものなのか。『法論』においても、主権者の数によって国家形式が独裁制・貴族制・民主制に分けられている。しかし、もはや民主制は必然的に専制であるといった言明は姿を消す。そして反対に、独裁制こそが批判の的となっている。貴族制や民主制では、主権者である複数の人々の意志を統合する契機（典型的には討議や投票）が必要だが、独裁制は主権者が一人であり、独裁者の意志が法律となって人民に命令を発する。確かに効率の面では都合がいいだろう。独裁者は、合議や投票といったプロセスを経ることなく、意思決定を効率的に行なうことができる。しかしその反面、法を恣意的に運用し、専制に陥る傾向も強い（『法論』6:339）。

『法論』の共和主義の原理からすれば、国家形式の上では、市民主権を実装している民主制が最も好ましいということになる。しかし他方、共和主義のもう一つの原理である三権分立の観点からは、市民は同時に法の執行者（元首あるいは裁判官）であってはならない。ここからカントが導く結論は、極めて簡素なものである。純粋共和制は「法律が自己支配し、どんな特殊な人格にも依存しない、唯一の存続する国家である」が、「他方、あらゆる真の共和制は、人民の代表制以外のものではなく、またそれ以外のものではありえない。人民の代表制は、人民の名において、すべての市民を通じて統合されて、市民の代表者を介して、人民の権利に配慮するためのものである」（『法論』6:341）。

純粋共和制は普遍的意志が自己支配する唯一の国家の規範であるのに対し、真の共和制にはさまざまな可能性が考えられる（あらゆる真の共和制）。人民の代表制は、ここでも立法の代表議会を即座に意味するわけではない。第一に、市民主権を備えた国家であれば、どのようなものであれ真の共和制の資格を持つ。というのもその場合、市民が他の人々（受動市民）の代わりに（人民の名において）立法を行なっているからである。カントにとって、市民主権が満たされている限り、例えばルソーが主権は代表されえないとして否定した代表議会であっても問題はない。直接民主制か間接民主制かという二択は、カントにとってプラグマティックな問題にすぎないのだ。実際、ある論文の中でカントは立法議会の意味での代表制を主張しているが、その理由は全く実用的である。つまり、国の大きさを考えれば代表制が望ましい、という程度のものなのだ。「どうやって非常に大きな社会においても（つまり代表制を媒介にして）自由と平等の原理にしたがった調和を維持するのか」という課題は、政治によって解決されなければならない。どのような代表制が望ましいのかということは、しかしア・プリオリな法原理ではなく、「人間の経験的な認識から引き出された」政令によって解決される（「人間愛から嘘をつく権利と称されるものについて」8:429）。

第二に、市民主権に加えて、三権力が実践的三段論法を構成するように組織されなければならない。そのためには、各権力が分立していることが少なくとも前提となる。『永遠平和のために』と同様、立法を担う市民が同時に行政や裁判を担ってはならない。むしろ市民の代表が、市民の代わりに法の執行を担わなければならない。ここにもさまざまなヴァリエーションが考えられるだろう。例えば、行政府の長は一人なのか複数なのかといった問題がある。カントは行政府の長として君主を置くことには反対しなかっただろう。ただし君主はその場合、言わば大統領のような存在であり、立法に関与してはならない。カントの視座からすれば、現代のイギリスや日本で採用されている議院内閣制は真の共和制の規定から外れる可能性がある。というのも、首相を含めた閣僚は行政府の構成員でありながら同時に立法議会の構成員でもあるため、法の運用・執行が恣意的になる可能性があるからだ。

いずれにせよ、人民の代表制は、こうしたさまざまな制度的な可能性を持っており、そのすべてが真の共和制である。[10] 純粋共和制という唯一の理念に対して、現象において実現可能な真の共和制には、多様なヴァリエーションがありえる。これはある意味で当然のことである。ベストな制度を考えるためには、国の広さや人口、歴史といったさまざまな経験的条件を考慮しなければならない。市民主権と三権力の三段論法的組織化という二つの原理さえ満たしているのであれば、その他の条件は実用的な問題になるのだ。

しかしだからといって、純粋共和制という理念と、〈現象における国家〉にすぎない真の共和制との距離を見誤ってはならない。純粋共和制の理念においては、法の正義のインプットとアウトプットに関して、著しい規範化がなされていた。そもそも人民の普遍的意志が意味するのは、すべての市民の同意である。そこでは誰一人として制定された法案に反対する者はいない。アウトプットに関しても、普遍的意志によって立法された法律が、行政・裁判を担う人の完璧な判断力によって具体的な場面に適用され、あたかも人が支配しているのではなく、法が支配しているかのような状況でなければならない。あくまで〈現象における国家〉の一形態にすぎない真の共和制には、こうした純粋共和制の理念を完全に満たすことは不可能である。市民主権と三権力の組織化は、純粋共和制の理念の実現可能性を与える条件にすぎないのだ。

独裁として支配していながら共和主義的に統治すること

共和主義の二つの原理は、いずれも制度上（憲法上）の原理である。つまり、それらは国家体制が正義に適ったものとなるための条件である。しかし、純粋共和制と真の共和制の差異からも明らかなように、共和主義には静的・立憲的原理にとどまらない、動的・政治的原理がある。純粋共和制では、すべての市民が同意する法案が作られなければならない。そうでなければ、すべての市民の同意、すなわち普遍的意志はありえないからである。これは国家体制上の問題というよりも、政治的な問題である。言い換えれば、どのようにして法律を正義に適ったものにするのかという、立法の問題である。

正義の条件は、すべての市民が同意できるということである。前章で見たように、こうした市民の合意を、カントは根源的契約と呼んでいた。それは、正義に適った法律であればすべての市民は合意するはずだという理路で考えられた、純粋な理念である。立法の場面において、根源的契約の理念は法律の正義をテストする試金石として機能することになる。それは「あたかも全人民の統一された意志から生じたかのように法律を立法するよう、どんな立法者をも拘束する」ものだ（「理論と実践」8:297)。〈現象における国家〉の立法者は、手元にある法案が、どんな人にとっても同意可能なものなのかを吟味し、もし人民が同意できないと判断すれば、それを修正しなければならない。共和主義において立法者が持つべき格率は、「人民が自分自身について自ら決定できないことは、立法者もまた人民について決定してはならない」というものである(「理論と実践」8:304)。例えばカントが挙げるのは、特権的貴族の地位を容認する法律である。これについて、その特権に与ることのできない市民は合意できないだろう。道徳哲学において定言命法が普遍化可能性テストとして機能していたように、根源的契約の理念は、法律が普遍化可能であるかどうか、普遍的な合意が得られるかどうかを、立法者に反省させる役割を果たすのだ。

こうした立法のあり方を、カントは共和主義的統治と呼んでいる。『諸学部の争い』で見たように、それは直接は君主制に適用される。「独裁として支配していようとも、それでも〔…〕共和主義的に統治すること」は可能だとカントは言う。それは、市民主権が実現していない段階で、それでもなお「(成熟した理性をもつ人民が自らそれを定めたかのような)自由の法則の精神に適合した原理によって人民を遇することである」(『諸学部の争い』7:91)。立法者である君主は、正義に適った法律を作ろうとするならば、真の共和制における立法過程を言わばシミュレートして、人民がその法律に同意可能かどうかを判断しなければならないのだ。ただし、これはあくまで自然法的体制の進歩の途中の段階に過ぎない。君主による共和主義的統治では、法律が正義を満たしたものになるかどうかは、君主一人の反省次第である。それゆえにこそ、最終的には単に統治様式としての共和主義から、国家形式としての共和主義へ、つまり真の共和制への移行がなされねばならない。

政治原理としての共和主義

しかし真の共和制においても、法律が正義に適ったものになるためには、やはり立法権者である市民各人が根源的契約の理念を立法の試金石として参照しなければならないだろう。言い換えれば、共和主義的統治は、真の共和制においても政治の原理となり続ける。市民は、自分の利益だけを考えるのではなく、他のすべての人民にとっても合意可能な法案かどうかを判断する必要があるのだ。例えば、先に市民の自立という悪名高いカテゴリーについて見た。しかしカントによれば、能動市民は、自分たちの利害を守るために受動市民の地位を固定化する法律を作ることはできない（『法論』6:315）。投票権を持つ能動市民は、あくまで全人民を代表するように立法しなければならない。そうでなければ、投票権を持たない受動市民は、自分が同意可能ではない法律に支配されることになるだろう。

こうした見方の前提にあるのは、現実の投票を通じて出てくる人民意志と、純粋共和制において立法を担う普遍的意志は、異なりうるという考え方である。根源的契約の理念において結晶化されているのは、人民すべての同意というモティーフである。つまり、カントにおいては人民の普遍的意志もまた理念的なものなのだ。

このことのインパクトは存外に大きい。普遍的意志はルソーの言う一般意志だが、カントはそれを理念として捉え、決して現象においては存在しえないものと考えている。ルソーにおいては一般意志のステータスが曖昧であったため、例えばドイツの憲法学者カール・シュミット（一八八八―一九八五）は、民主制において投票を経たものは、どんなものであれ一般意志を表現するものだとラディカルな解釈をほどこした。[11] ルソーの一般意志は投票によってしか表現されえないからである。すべての人が自分が正しいと思うものに投票し、それが集合的に集められることで、一般意志が生成される。その結果、自分が正しいと思うことが一般意志と食い違うことも当然ありえる。しかし優先されなければならないのは、投票の結果として出てきた一般意志なのだ。

他方、カントにおいて普遍的意志は理念である。多数決の投票を経て出てきたものは、確かに（市民主権の原理上）正統な人民の意志だとみなされる。しかし、それは普遍的意志ではありえない。たかだか多数派の意見が人民意志とみなされているだけなのである。言い換えれば、多数の票を得た法案でさえ、完全に正義を満たしたものではありえない。

極端に言えば、万が一たまさか今市民すべてが合意して法案が可決されたとしても、その法案は今後永遠に通用し続けるべき絶対的な正しさを持つものではない。普遍性というカテゴリーは、将来世代にも拡張されているのである。例えば、先述した受動市民の社会階層の移動を妨げる法案は、将来、能動市民になる可能性のある人の合意を得られないだろう。あるいは、カントが挙げる別の例によれば、特定の宗教の教義や儀式を法律によって強制することはできない。現行世代がその教義を受け入れる状態にあるとしても、「それによって子孫が、宗教的な洞察においてさらに進歩したり、旧来の誤謬を修正したりすることができなくなってもよい」わけがない（「理論と実践」8:305）。こうした法案は、将来世代の合意が見込めない以上、根源的契約の理念に適ってはいないのだ。

反対に、もし現時点で多くの人が実際に同意したくない法案があったとしても、法案作成者は、普遍的な合意が可能であると判断するなら、その法案こそを提出すべきだということになる。例えば、必要に迫られて課税を行なわなければならなくなった。そこで、公平性に配慮して、収入面や社会的地位に応じて課税額を変化させるようにした。しかし、大多数の人はそもそも課税自体に反対であった。この場合、その課税は避けられず、また公平性にも配慮しているのだから、それを拒む正当な理由はないはずである。したがって「今、人民が賛否を聞かれたとすれば、おそらく同意を拒むであろう思考様式の状態や気分にあったとしても、人民がそれに同意することが可能でありさえすれば、その法律を正当なものと考えるのは義務である」（「理論と実践」8:297）。

注意しておくべきなのは、根源的契約の理念に適った法案を作成できる、超人的な哲学者が立法者になればいいとカントは決して主張してはいないということである。市民主権における投票制度は、各人が主観的に正しいと思う法案（普遍的な合意を得られると思う法案）に投票することで、その主観的な正しさを客観的な正しさへと変換する制度だからである。カントにおいて、普遍的な人民意志を絶対的に言い当てられる、プラトンの哲人王は存在しない。しかし、投票制度から出てきたものは、あくまで多数派の考える正しさであり、暫定的に正義に適ったものでしかない。それに対しては、誰かが何らかの観点で同意しないだろう。

ここから要請されるのは、あくまで暫定的にしか正義を満たしていない法律を、先の機会に、より正義を満たしたものへと改善していくという義務である。これは、あくまで単なる多数派の同意でしかない人民意志を、より多くの同意からなる人民意志へ、そして最後にはすべての人の同意である普遍的人民意志へと生成発展させていくプロセスを意味している。カントの立場は、とにかく民主主義において投票結果こそが一般意志であり、一般意志は誤ることがないのだからいかなる修正も不要であるという立場とは、全く相容れない。あるいは、選挙によって選ばれた以上、なにをしても人民の合意を得たものだというような考え方も排除される。

むしろ、カントの共和主義において、人民意志は誤りうるのである。こうした立場を専門的には可謬主義と言う。投票の結果出てきた人民意志は常に普遍的ではありえず（誤謬の可能性がある）、だからこそ、より多くの同意を得られる内容へと法律を改善していくプロセスが要求されるのだ。共和主義的統治が意味するのは、こうした政治原理である。

理性を公共的に使用すること

共和主義的統治は市民一人ひとりが、すべての人の合意を得られるような法案に投票することを求める一方で、立法された法律を、次の機会に修正・改善していくことに開かれている。修正・改善の契機を与えるのは、市民の公共的な異議申し立てである。

それは「ペンの自由」、すなわち言論の自由として擁護される市民の権利である。この権利は、まさに立法における可謬主義から直接正当化されている。もし立法された法律が完全に正しいものであるとか、一般意志そのものを体現しているなどと考えるなら、立法者には「神々しい霊感」が備わっていると思いなすことになるだろう。しかしそれは不合理である。したがって「市民には〔…〕、支配者の命令のうち公共体に対する不正だと思われるものについて自らの意見を公表する権能が認められなければならない」。ペンの自由がなければ、「人民は最高命令権者への権利要求が一切できなくなってしまうだけでなく、〔…〕最高命令権者もそれを知っていれば自ら修正できたであろう事柄について、認識を一切持てなくなってしまう」。それゆえにカントは、ペンの自由を「人民の権利の唯一の守護神」だとさえ言うのである（「理論と実践」8:304）。

ただし、ペンの自由にはいくらかの制限が設けられてもいる。第一に、国家の支配に抵抗する目的で、あるいは国家を転覆する目的で、ペンの自由が乱用されてはならない。カントは抵抗権を一切認めなかった。端的に言って、悪法でもしたがわなければならないというのがカントの立場である。立法者は、法律を通して人々に命令を下すことのできる、唯一の正統な存在だ。しかし、人民の側に抵抗権が認められていれば、そうした立法者の至高の地位に矛盾する。法律にしたがわず抵抗することが正当化されれば、法律の支配は成り立たなくなるからである。

カントの抵抗権否認論は評判が悪い。しかし、自分が共感しない立場の人にも、抵抗権が認められている場合を考えてみればいい。抵抗権とは、国家の支配の中で何が不法なのかを自ら判断し、不法だと思われた支配に服従しないという権能である。自分にとって不都合なものを不法だと判断して抵抗する権利が、すべての人に認められているのだとすれば、それは自然状態と変わらないだろう。悪法であったとしても、それに抵抗する代わりに、平和的な手段で公共的な異議申し立てがなされなければならないのだ。

第二に、より重要なことだが、ペンの自由による異議申し立てもまた、根源的契約の理念を参照してなされなくてはならない。先に見たように、市民に認められるのは「公共体に対する不正」について、意見を公表する権利である。単に自分にとって不都合な法律についてではなく、他人にとっても同意できない法律について、異議を唱えなければならないのだ。例えば、先の例で言えば、必要に迫られた上で公平に課税が行なわれるのであれば、それに対する異議申し立ては正当性を持たないだろう。反対に、同じ社会階層のある人は課税され、またある人は免税されるというのであれば、「全人民はそうした法律に同意できないことはすぐに分かるだろうし、こうした不平等な税負担の配分は正しいものではありえないのだから、人民はこれに対して少なくとも異議を申し立てる権能がある」(「理論と実践」8:297, Anm.)。

つまるところ、立法においても、そして異議申し立てにおいても、市民は根源的契約の理念を試金石としなければならない。真の共和制においては、私的な利害や立場にとどまらず、全人民——将来世代を含めた——の立場に立って、法案・法律が合意可能なものかどうかを判断することのできる、「成熟した理性を持つ市民」が求められているのだ(『諸学部の争い』7:91)。カントはこのように、自分が置かれた立場からではなく、すべての人に開かれたパースペクティブをもって判断し、また言論を行使することを、「理性の公共的使用」と呼んでいた（「啓蒙とは何か」8:36）。

「公共的」の意味は独特である。普通、私たちは「公共的」とか「公的」という言葉を、私的な立場とは逆の意味で用いている。例えば、団体や組織などを代表して話すとき、私たちは個人的な見解の代わりに組織の見解を述べる。これが公的な発言だと考えがちである。しかしカントによれば、自分が属している組織の見解を述べること、あるいは組織の論理にしたがって発言することは、理性を私的に使用することである。当時で言えば、官僚や聖職者は自らの意見を抑え、むしろ国家や教会を代弁するかのように語った。それをカントは理性の私的な使用と呼ぶのである。

反対に、理性を公的に使用するとは、自分が所属する組織の立場から離れて、個人として語るということである。さらにカントによれば、このことは学者として、また、世界市民として語るということでもある。学者も、世界市民も、もちろん比喩である。学者の比喩が表しているのは、自分で考え、自分の意見を述べるという側面だ。世界市民の比喩が表しているのは、他の世界市民、つまり世界中に存在するあらゆる個人に向けて語りかけるという側面である。すなわち、一方では自分で考えるという極小の単位があり、他方ではそれが世界中のすべての個人に向けられるという極大の単位がある。理性の公共的使用は、個別性と普遍性を結びつけるものなのである。

カントによれば、理性の公共的使用への自由が増えれば増えるほど、啓蒙が進捗していく。ここでも「啓蒙」は、私たちがイメージする意味とは異なっている。私たちは「啓蒙」というと、どうしても知識や知恵を広める、愚かな人を賢くするといったイメージを持ちがちである。確かにカントの考える啓蒙にも、誤謬や偏見からの解放という意味がある。しかしカントにとってより本質的には、啓蒙とは自分で考えることができるようになるということを意味している。理性を私的に使用している限り、組織の論理にしたがってただスポークスマンとして語ればよく、自分で考えるという契機を省略することができる。それは偏見や先入観をそのまま受け入れて話すことと等しい。自分で考えてはいないのである。もちろん組織の論理をすべて否定する必要はない。しかし、組織の論理だけでなく、自分で考え、自分の意見を述べる自由がなければならないとカントは考えていた。

人間の複数性

だがカントによれば、逆説的なことだが、自分で考えるということは自分だけではできない。

確かに、話したり書いたりする自由は最高権力によって奪い去られるものだが、考える自由は決して奪い去られない、と言われることがある。しかし、他者に自分の考えを伝え、他者も自分の考えを伝えるという、いわば共同性のなかで思考するのでないとすれば、私たちはどれだけ多くのことを、どれだけ正しく、十分に思考するというのだろうか。したがって、自分の考えを公開し伝える自由を人間から奪い去る外的な権力は、また同時に思考する自由さえ奪い去ってしまうと言っていい。(「思考の方向を定めるとは何か」8:144)

自分で考え、判断を下すためには、他者の存在が欠かせない。というのも、一人で考えているときであっても、潜在的には他者に同意してもらえることを期待して、判断を下しているからである。ハンナ・アーレントは、こうした議論の中に、カントの政治哲学の真髄を見出している[12]。アーレントによれば、『法論』に代表される公式的な法・政治哲学は、理性からア・プリオリに構築されたものであり、そこには人間の条件である複数性は視野に入ってこないという。理性的存在者としての人間同士の間には、共同的なコミュニケーションは想定されていない。しかし、現象を生きる人間は、他者との共同性の中で、自分で考え、そして他者にその考えを伝え合うのである。私達が判断を下すのは、こうした他者との共同性においてである。法や政治について論じた書物の中ででは なく、美や自然の目的について論じた『判断力批判』において、カントは政治にとって本質的な人間の複数性を考察した、とアーレントは考える。

『判断力批判』で議論されるのは、三段論法における判断力とは異なる種類の判断力であり、アーレントはそこに特に注意を払っている。『判断力批判』によれば、普遍的な原理が予め与えられており、それを特殊な事象に適用するという判断力は、規定的判断力と呼ばれる。自然の因果法則や定言命法はア・プリオリな原理であり、それを個別の事象・行為に当てはめることで、判断を下すことができる。

しかし例えば、美についてはア・プリオリな原理は与えられていない。何が美しいのかは、予め分からないのである。個別の対象を見て、それを美しいとか醜いとかいう風に、一見、私たちは場当たり的に判断を下している。目の前のバラを美しいと感じるのは、私のごく主観的な感情である。しかし、それが私だけにしか美しいと判断されないとすれば、その判断はきっと誤っているだろう。主観的な感情であっても、私たちはどこかでそれが他人にも同意してもらえるだろうと期待している。というより、そのように期待できるとき、私たちはその対象の美について適切な判断を下していることになる。つまり、美についての判断は、規定的判断力の場合とは逆に、特殊から普遍へと昇っていく手続きを必要とするのだ。カントはこうした判断力を、反省的判断力と呼ぶ（『判断力批判』では、美学だけでなく、自然目的論も扱われている）。

カントによれば、反省的判断力の格率は、「他のすべての人の立場で考えること」である（『判断力批判』5:294）。例えば何かを美しいと判断するとき、私は自分の主観的な感情を反省し、他の人であればどのように判断を下すだろうかということを考慮する。このとき私は、自分だけの判断にとどまるのではなく、他者の判断をも取り入れており、思考のあり方は拡大される。「判断を下す際の主観的・私的な条件を飛び越えて〔…〕（他者の観点に身を置くことによってのみ定めることができる）普遍的な観点から、自分自身の判断を反省するとき」、「拡張された思考様式」が姿を現すのだ（『判断力批判』5:295）。

カントは直接は論じていないが、根源的契約の理念を試金石として用いる場合に問題となるのは、まさに反省的判断力であろう。立法に関して、どのようなものが他のすべての人の同意が得られる意見なのかは、ア・プリオリには分からない。反省的判断力を働かせる中で、私は自分で考えているにもかかわらず（特殊）、それが他のすべての人の同意を得られることを期待するのである（普遍）。そのためには、自分の私的利害や置かれた立場、あるいは属している組織の論理を飛び越えて、他者の立場に身を置き、他者の立場から自分の判断を反省しなければならない。「成熟した理性をもつ市民」とは、このような拡張された思考様式を持つ市民なのである。

普遍的に同意可能な意見を形成するためには、自分とは異なる立場にある他者にとっても受け入れられるような理由、カント的に言えば、公共的な理由が示されなければならない。こうした理由が提示されるからこそ、法案や異議申し立ては他者に聞き入れられるようになる。共和主義的統治においては、立法とそれに対する異議申し立てが、ともに根源的契約の理念を試金石として行なわれる。理性の公共的使用を媒介にして、立法は暫定的に正義を満たしたものから、いっそう正義を満たしたものへ漸進していくのである[13]。ここには、市民は他者とともにあり、他者とともに理性を公共的に使用することによってしか自由ではないという、カントの根本的な洞察がある。

前章では、根源的契約の理念が静的・立憲的規範と動的・政治的規範という二つの機能を果たすことになる、と述べた。これは言い換えれば、カントの共和主義には、立憲的側面と政治的側面の両方が備わっているということを意味する。カントの著作を概観すれば、『法論』はもっぱら前者に取り組んだ著作である。生得的自由権と取得的権利を基礎にして、理性からア・プリオリに国家の永遠の規範である純粋共和制が理念として導出される一方、現象においてもその理念にしたがって実現可能な体制が真の共和制として構想されるのだ。真の共和制は、万人の自由の両立——各人が自分の権利を確定的に享受する正義の状態——を可能にする国家体制である。市民主権と国家権力の三段論法的組織化という二つの原理が、カントの共和主義の立憲的規範となる。

他方、根源的契約の理念は、立法のための規範、すなわち動的・政治的規範としての側面も持ち合わせている。「理論と実践」や『永遠平和のために』、『諸学部の争い』には、こうした政治的規範に関する記述が多く含まれている。根源的契約の理念は、理性的な人民であれば立法するであろう仕方で立法することを、立法者に義務付ける。すなわち、すべての人民が同意可能な形で立法することと、あるいは人民が同意できないような立法を避けることである。

ドイツの伝統的な統治思想では、人民の幸福を上から推し量り、幸福実現を目的として、市民生活への国家の介入を正当化した。それに対してカントが主張するのは、人民の普遍的な同意可能性こそが法律の正義、統治の正義をなすということである。こうした政治的規範としての根源的契約の理念は、君主自身に純粋共和制の立法プロセスを模倣することを迫る一方、真の共和制の実現後には、今や立法権を担う市民一人ひとりの自己反省を促す。つまり、自分の利益のみに適った法案ではなく、他のすべての人民もまた同意可能であるような法案への投票行為を促すのである。

しかし、立法された法律は決して絶対的な正しさを持つのではなく、常に市民の公共的な異議申し立てに開かれている。市民が公共圏において行なう異議申し立ては、法律が根源的契約の理念を満たしたものではなかったということを周知させる。そこから再び、より多数の同意を獲得しうる法案作成のプロセスが開始されなければならない。政治家や統治者による「上から」の立法と、市民による「下から」の異議申し立てが協働・連関することで、根源的契約の理念を満たした法律の実現へ向かう動きが生まれるのである。カントの共和主義には、こうした動的・政治的プロセスが含まれているのだ。

〈注〉

（1）共和主義については、すでに政治思想史研究の分厚い蓄積がある。手頃な入門書はないが、さしあたり、宇野重規『西洋政治思想史』有斐閣、二〇一三年は共和主義への目配せが効いた教科書になっている。また、社会思想史学会の年報『社会思想史研究』第三二号、二〇〇八年は「共和主義と現代」という特集を組んでおり、研究動向がよく理解できるはずだ（学会ホームページからダウンロード可）。古代ギリシア起源のものについての古典的研究として、J・G・A・ポーコック、田中秀夫他訳『マキァヴェリアン・モーメント』名古屋大学出版会、二〇〇八年。

（2）ここでは現代の共和主義理論家フィリップ・ペティットの理解を前提にしている。Philip Pettit, Two Republican Traditions, in A. Niederberger and P. Schink (eds.), *Republican Democracy: Liberty, Law and Politics*, Edinburgh: Edinburgh UP, 2013, 169-204. ただしペティットのカント解釈と本書の解釈は異なる。

（3）共和主義と代表（制）を結びつけるのは、カントが初めてのことではない。ルソーは『社会契約論』の中で、共和制においては、立法と執行が区別されるべきことを主張した後でこう述べる。「法律は一般意志の宣言にすぎないから、立法権においては人民が代表され得ないことは明らかであるが、しかし執行権においては代表されうるし、またそうでなければならない」（『社会契約論』一三四頁）。また、フランス革命期においては、立法と執行の分立を代表制と呼び、そこに共和主義の本質を見るという立場があった。これについては、拙稿「カントの共和制の諸構想と代表の概念」『社会思想史研究』第四〇号、二〇一六年、六〇～七九頁を参照。

（4）カントは啓蒙君主フリードリヒ大王を理想の統治者としていただとか、立憲君主制を最善の体制だと考えていたといった解釈は、長くからある。日本では例えば、福田歓一『近代政治原理成立史序説』岩波書店、一九七一年。片木清『カントにおける倫理・法・国家の問題』法律文化社、一九八〇年。

（5）フリードリヒ・シュレーゲル、山本定祐訳「共和制概念試論：カント『永遠平和のために』への応答」、薗田宗人編『ドイツ・ロマン派全集二〇』国書刊行会、一九九二年、二三三～二四〇頁。カントは書評が載った雑誌の書誌情報をメモしている(18:666)。シュレーゲルの影響を重視するものとして、Karl Herb und Bernd Ludwig, Kants kritisches Staatsrecht, *Jahrbuch für Recht und Ethik* 2, 1994, 431-78.

（6）これはケアスティングのフレーズである。W. Kersting, "Die bürgerliche Verfassung in jedem Staate soll republikanisch sein," in O. Höffe (Hg.), *Immanuel Kant. Zum ewigen Frieden*, 3. bea. Aufl., Berlin: Akademie Verlag, 2011, 61–77.

（7）カントの市民主権論に着目し、（現代の言葉で言う）民主主義理論への含意を最大限に汲み取ろうとする研究として、インゲボルグ・マウス、浜田義文・牧野英二監訳『啓蒙の民主制理論――カントとのつながりで』法政大学出版局、一九九九年。

（8）ユルゲン・ハーバーマス、高野昌行訳『他者の受容――多文化社会の政治理論に関する研究』法政大学出版局、二〇〇四年、第Ⅱ部。

（9）本書では敢えて触れなかったが、カントは以下で述べる実践三段論法を『法論』全体の構成として用いている。Alessandro Pinzani, Der systematische Stellenwert der pseudo-ulpianischen Regeln in Kants Rechtslehre, *Zeitschrift für philosophische Forschung*, Bd. 59, H. 1, 2005, 71-94. S. Byrd and J. Hruschka, *A Commentary*, chap.2 and 7.

(10) 従来、真の共和制は人民の代表制であるというカントの主張は、代表民主主義の主張であると考えられてきた。K. Herb and B. Ludwig, op.cit. B. Ludwig, Kommentar zum Staatsrecht (II), in O. Höffe (Hg.), *Metaphysische Anfangsgründe der Rechtslehre*, 173-94. A. Pinzani, Representation in Kant's Political Theory, *Jahrbuch für Recht und Ethik* 16, 2008, 203-226. 斎藤拓也「民主政のパラドクスとカントの共和制概念」『社会思想史研究』第三九号、二〇一五年、九二～一一〇頁。必ずしもそうとることはできないという解釈として、Ulrich Thiele, *Repräsentation und Autonomieprinzip: Kants Demokratiekritik und ihre Hintergründe*, Berlin: Duncker & Humblot, 2003. マウス前掲書。拙稿「カントの共和制の諸構想と代表の概念」も参照。

(11) カール・シュミット、稲葉素之訳『現代議会主義の精神史的地位』みすず書房、二〇〇〇年、三六～三七頁。

(12) ハンナ・アーレント、ロナルド・ベイナー編、浜田義文監訳『カント政治哲学の講義』法政大学出版局、一九八七年。「文化の危機」引田隆也・齋藤純一訳『過去と未来の間――政治思想への八試論』みすず書房、一九九四年所収。また、本格的にアーレントとカントの関係を論じたものとして、金慧『カントの政治哲学――自律・言論・移行』勁草書房、二〇一七年、第六章を参照。

(13) ハーバーマスの『公共性の構造転換』以来、カントの言論の自由については比較的高い関心が向けられてきた。近年の代表的なものとして、Elisabeth Ellis, *Kant's Politics: Provisional Theory for an Uncertain World*, New Heaven: Yale UP, 2005. Peter Niesen, *Kants Theorie der Redefreiheit*, Baden-Baden: Nomos, 2008. 斎藤拓也「カントにおける「統治」の問題：祖国的な「思考様式」の獲得と実践」『社会思想史研究』第三九号、二〇一五年、九二～一一〇頁。金前掲書、第二章・第三章。

第四章

永遠平和のために

——国際法と世界市民法

前章では、万人の自由が両立する、正義に適った国家がどのように構想されているのかを見た。これはカントの法の構想の一部である。たとえ国内に完全な法的状態が実現していたとしても、国家間において紛争や戦争が絶えないのだとすれば、国内で個人が享受するはずの自由は儚いものになってしまうだろう。カントは、法を実効的なものにする機関——とりわけ裁判所——が存在しない状態を自然状態と呼んでいた。今や問題は、国内のみならず国家間においても、自然状態を脱出して法的状態へと移行することである。こうした国家間を統制する法のあり方は、国際法（Völkerrecht, ius gentium）と呼ばれる。

さらに、カントは世界市民法（Weltbürgerrecht, ius cosmopoliticum）という、法理論の歴史において新しい法のカテゴリーを構想してもいる。それは、地球を一つの共同体、「普遍的な人類の国家」として見た場合の法のあり方である（『永遠平和』8:349, Anm.）。世界市民法は、地球上で人々が相互に交流する際に参照されなければならない法である。あえて現代的な課題と結びつけるなら、それは国際的な商業ルールや移民・難民の問題と関係している。

公法はこうした国法・国際法・世界市民法という三つの法から成り立っている。「法的状態のこの三つの可能な形式の一つでも、外的自由を法則によって制限する原理を欠くならば、その他の建造物はすべてその基礎をいやおうなく掘り崩されて、ついには崩壊せざるをえない」（『法論』6:311）。外的自由を法則によって制限する原理を欠いた状態とは、要するに自然状態である。公法の三つの形式は、そのどれもが自然状態を脱出し、法的状態を確立するために必要不可欠なものなのだ。こうしてカントの政治哲学は、国法・国際法・世界市民法が実効化された法的状態を確立すること、つまり「普遍的かつ持続的な平和の設立」を目指している。それは「永遠平和という最高の政治的善」を実現するための条件の探究にほかならない（『法論』6:355）。

カントは長い間、平和への関心を持ち続けていた。一七八四年の論文「世界市民的見地における普遍史の理念」にはすでに、人類の歴史的課題として、国内外の法的状態の設立が論じられているし、「理論と実践」の第三部は世界市民法を対象にしている。しかし本章では、国法・国際法・世界市民法という三つの公法について詳細に論じている『永遠平和のために』と『法論』を中心に、カントの国際平和思想について見ていきたい。この二冊の著作以前には、特に国際秩序体制に関して曖昧な部分や揺れが目立ち、決定的な思想が開陳されているとは言いがたいからだ。

ただし、『永遠平和のために』もまたある意味で難解な書物である。これまで見てきたように、基本的にカントの議論の方法は、経験から独立して理性からア・プリオリに規範を導き出すというものだが、『永遠平和のために』には経験的な議論が多く含まれている。さらに言えば、論述の順番や議論の位置づけも見通しがたい。「永遠平和への予備条項」と「確定条項」が論じられた後、歴史哲学的な議論を含む第一補説「永遠平和の保証について」、哲学者と政治の関係を論じた第二補説「永遠平和への秘密条項」、そして「永遠平和の観点から見た道徳と政治の不一致について」、「公法の超越論的概念にもとづく政治と道徳の一致について」という二つの付録へと進む。しかし例えば、予備条項と確定条項はどのような関係にあるのか、予備条項として挙げられた六つの条項は何を根拠にしているのか、謎めいた歴史哲学（自然が永遠平和を保証するとカントは言う）が何のために論じられているのか――こうしたことは、普通に読む限りではよく分からない。むしろ、体系的な論述がなされているという点で分かりやすいのは『法論』である。本章では、『永遠平和のために』だけでなく『法論』の議論も同様に参照しながら、国際法と世界市民法について順に論じていきたい。

国際法論は開戦のための口実か

カントは自ら世界市民として、全世界の歴史の過程を注視し続けた観察者だった。論考「世界市民的見地における普遍史の理念」は、人類の歴史を自然の意図という観点から論じたものだが、その歴史叙述を可能にしているのは世界市民的見地である。前章末で見たように、カントにとって世界市民的な見地に立つということは、あらゆる他者の観点に身を移し、自らの判断を反省するということを意味した。

しかし興味深いことに、カントは生涯、ケーニヒスベルクの街から一歩も外へと出ることはなかったと言われている。これは当時のヨーロッパ人が頻繁に旅行していたこととは対照的である。カント自身の弁によれば、「プレーゲル川沿いのケーニヒスベルクのような街は、人間知とともに世間知をも拡大させるのに適した場所だと考えられる。ここでは、旅行せずとも人間知と世間知を獲得できる」（『実用的見地における人間学』7:120f.）。ケーニヒスベルクは発展した港街であり、カントは街を訪れる商人や軍人とも社交し、世界への見聞を広めていた。[1] 一八世紀後半に盛んに執筆された旅行記や冒険譚、あるいは博物学といった書籍から得た情報も、カントの論述を彩っている。『判断力批判』の中から特徴的な箇所を挙げよう。ある対象から崇高な感情を得るためには、適切な距離が重要だと論じた後、カントはエジプトのピラミッドの例を挙げる。曰く、「ピラミッドの大きさから余すことなく感動を得るには、ピラミッドに近づきすぎてもいけないし、また離れすぎてもいけない」（『判断力批判』5:252）。これはフランスの外交官の見聞録からの知識だが、ケーニヒスベルクに引きこもっていたカントは、しかしまさに見てきたかのようにピラミッドについて語るのである。

つまるところ、世界市民の観点に立つためには、なにも世界中を旅行する必要はない。ただ、世界に対する関心が重要なのだ。カントの関心は、当然、同時代に繰り広げられた戦争にも向かわざるを得なかっただろう。一八世紀ヨーロッパの国際関係を規定したのは、勢力均衡の原則である。ヨーロッパ全土で行なわれた宗教戦争である三十年戦争は、一六四八年、ウェストファリア条約の締結をもって終了する。この条約以降、国家は独立した主権を持ち、他国と契約や同盟を結ぶ権利、戦争を遂行する権利を有する主体だとする考え方が定着していく。さらに、アメリカでの植民地戦争にまで発展したスペイン継承戦争（一七〇一－一四）が、ユトレヒト条約をもって終結すると、英仏の二大国を中心とする国際秩序がいよいよ確定する。ヨーロッパ諸国は国力や軍事力を均衡させるようにして、互いをけん制しあい、ギリギリの平和を保とうとした。しかしこうした勢力均衡は、戦争を退けたわけでは当然なかった。特に問題だったのは、各国の国王同士が互いに血縁関係にある場合が多く、後継者争いとしての継承戦争が絶えなかった点である。さらに、勢力均衡図式では、一方の国が国力・軍事力を増したと思えば、他方の国もそれに追いつこうと必死になる。領土に対する野心は拡大し、植民地獲得競争も激化する。プロイセンのフリードリヒ大王も、オーストリアのマリア・テレジアと勢力争いを繰り広げ、オーストリア継承戦争と七年戦争を行ない、領土拡大に野心を絶やさなかった。

こうした中、一八世紀末にかけて、世界は二つの市民革命を経験する。アメリカ独立革命とフランス革命について、カントは興味を持って注視し続けた。カントが一七九五年以降、平和思想を体系的に展開するのは、フランス革命の経過とともに、ヨーロッパ全体が革命か反革命かの態度を迫られ、勢力均衡図式のもとに革命戦争が繰り広げられるのと時を同じくしている。九一年八月、フランス国王ルイ一六世がヴァレンヌへ逃亡すると、事態を重く見たプロイセンとオーストリアはピルニッツ宣言を発し、ヨーロッパ諸国の君主にフランスの君主制を救うための共同行動を呼びかける。この宣言は、フランス側に内政干渉として受け取られ、オーストリアに対する宣戦布告のきっかけを与えてしまう。オーストリアとの防衛同盟にもとづきプロイセンも参戦、九三年にイギリスが介入戦争に加わる一方、フランス革命政府もライン川地域一帯を占領し、ドイツ領マインツに共和国を樹立するなど、革命を輸出しようとした（ベルギーやオランダにも侵攻した）。九五年、プロイセンはイギリス・オーストリアと結んでいた対仏大同盟から離脱し、バーゼルでフランスと単独講和条約を結ぶ。プロイセンはライン川左岸地域を割譲し、それと引き換えに、フランスはマイン川北部のドイツを中立化することが取り決められた。

国家の変革（と失敗）という意味では、フリードリヒ大王と同様、啓蒙君主と呼ばれるオーストリアのヨーゼフ二世（一七四一－九〇）も注目に値する。彼は農奴制の廃止や宗教的寛容政策を掲げて、「上からの改革」を断行しようとしたが、ついには貴族や人民の不満を招いて挫折した。あるいは、ケーニヒスベルクに近いポーランドは、ロシア・オーストリア・プロイセンによって三度に渡る内政干渉が行なわれ、各列強の思惑にしたがって国土が分割された（一七七二－九五年）。特に第二次分割（一七九五）は、ポーランド議会で議決された、立憲君主制、三権分立、上級市民の参政権などを謳う、先駆的な近代憲法（五月三日憲法）をきっかけに起きたものである。憲法に反対する保守派が、ロシアのエカチェリーナ二世に介入を要請すると、プロイセンもそこに加わって（オーストリア抜きで）分割が行なわれ、九二年には憲法が廃止されてしまった。九五年、『永遠平和のために』公刊直前には三度目の分割が行なわれ、ポーランドはついに地図上から主権国家としての姿を一時的に消している。

『永遠平和のために』が書かれた直接のきっかけは明らかではないが、まず陳述される六つの「永遠平和のための予備条項」は、こうした一八世紀ヨーロッパの勢力均衡と絶えざる戦争状態においてしばしば見られた行為を禁止する目的で書かれていると見ていいだろう（これについては後に触れる）。世界市民として世界史を注視するカントは、法のア・プリオリな概念からあるべき国際平和秩序を模索することを自らの哲学的課題としたのである。

もちろん、カント以前にも国際平和の確立を目指した思想家はいた。一六世紀スペイン・サラマンカの神学者フランシスコ・デ・ビトリア、一七世紀オランダの法学者フーゴー・グロティウスらは、国際法思想をカントよりも遥かに詳しく展開していたし、プーフェンドルフやヴォルフに代表されるドイツ自然法学はその流れを受け継ぎ、国際法を自然法の一部として論じていた。カントの『法論』の構成は、ドイツ自然法学の伝統を受け継ぐものである。しかしカントによれば、こうした国際法論者の議論は「開戦を正当化するためにいつも無邪気に引用されている」（『永遠平和』8:355）。とりわけ国際法論で重要だったのは、正戦論である。そこでは、不正義の戦争を規範的に退けるために、戦争開始・戦争中・戦争後の正しさとは何かが論じられていた。これらはそれぞれ、戦争への正しさ＝権利（ius ad bellum）、戦争における正しさ＝権利（ius in bello）、戦争後の正しさ＝権利（ius post bellum）と呼ばれる。しかし、カントはこうした正戦論が結局は戦争を放棄させる結果を産まず、むしろ戦争開始を後付け的に正当化するものにほかならないと批判する。

他方、カントが肯定的に名前を挙げるのはフランスの著述家サン・ピエール師（一六五八－一七四三）とルソーである。サン・ピエールは『永久平和論』（一七一三）の中で、社会契約論を用いて、ヨーロッパ各国による国際連合の設立こそ平和のために必要だと主張した。連合は永続的であり、任意の脱退を許さず、常設の委員会を設けて加盟国間の紛争を裁判によって解決するものでなければならない。委員会では多数決で物事が取り決められ、これにしたがわない加盟国は他の加盟国から敵としてみなされる。ルソーはサン・ピエールの遺族から彼の著作の抜粋を作成する仕事を依頼され、『永久平和論抜粋』を出版した。ルソーは一方でサン・ピエールのヨーロッパ連合というアイデアを肯定しつつも、その実行可能性について批判的である。サン・ピエールは連合の設立を君主の決断に委ねているが、利己的な君主たちにそうした決断は期待できないだろう。[2] カントがルソーのこうした批判を知っていたのかは分からないが、サン・ピエールの国際連合論をおそらくはルソーの抜粋を介して読み、しばしばそれを肯定的に取り上げている。

デモクラティック・ピース

カント自身の平和思想が最も体系的に記されている『法論』は、第一部「私法」と第二部「公法」からなり、第二部がさらに国法・国際法・世界市民法に分けられている。三つの公法の形式は、『永遠平和のために』第二章で、「永遠平和のための確定条項」として挙げられる三つの条項と対応している。第一条項は「いかなる国家の市民的体制も共和主義的でなければならない」、第二条項は「国際法は自由な諸国家の連合に基礎を置くべきである」、第三条項は「世界市民法は普遍的な友好の条件に制限されるべきである」というものだ。こうした対応関係は分かりやすいが、『永遠平和のために』と『法論』で、その内容——とりわけ後述する国際秩序構想について——が一貫しているのかについては、カント研究者の中でも意見が分かれている。本章では、両者を統一的に見ることができるという立場に立って、議論を行ないたい[3]。

前章で見たように、共和主義は、万人の自由の両立のために、市民主権と三権の特殊な組織化を不可欠のものとしている。『法論』では市民主権は、法＝権利のア・プリオリな規定から正当化されている。しかし『永遠平和のために』では、こうした「法概念の純粋な源泉から生じる」正当化以外に、共和主義的体制を正当化するように見える、別の根拠が提示されている。

カントによれば、共和主義的体制は「永遠平和への展望」を持っている（『永遠平和のために』8:351）。市民主権のもとでは、戦争をすべきかどうかを決定するために、市民の同意が必要になる。戦争をするとなれば、市民にとっての負担は大きくなる。戦費は税金で賄われるし、戦後の復興や戦時国債の償却は、すべて市民の肩にのしかかってくる。こうしたことを考えれば、市民は戦争に対して慎重になるだろう。それに対して、君主制や貴族制などの非共和主義的体制のもとでは、支配者は国家の所有者であるかのように振る舞い、臣民を自らの所有物として、思いのままに戦争に投入しかねない。支配者が失うものはまったくなく、戦争は支配者の遊戯であるかのように気軽になされてしまう。したがって、共和主義的体制の方が永遠平和への展望を持つというのだ。

こうしたカントの議論は、現在、国際政治学の分野では、デモクラティック・ピース論（民主的平和論）と呼ばれている。一九八〇年代に、国際政治学者のマイケル・ドイルがカントを引きながら、民主的国家同士が戦争することは実証的に稀であると主張したことをきっかけに、(4) 批判するのであれ擁護するのであれ、デモクラティック・ピース論はカントの名とともに語られてきた。しかしこれに対しては、すぐに批判が思いつくだろう。確かに民主国家同士が戦争を避ける傾向にあるとしても、民主国家は非民主国家を悪の枢軸だとみなし、民主化を名目に軍事的に介入する傾向がある（例えばイラク戦争）。あるいは民主国家の人民がナショナリズムに駆られて他国への侵略戦争に同意することとさえ、容易に想像できる。

重要なのは、国際関係において戦争を避ける傾向にあるから、言い換えれば、平和という目的に対して最適な手段であるから、共和主義的体制は義務であるとカントが論じているわけではないということである。共和主義的体制がどのような国家でも目指すべき義務であるということは、まずもって法概念の純粋な源泉から、つまりア・プリオリに正当化されている。その上でカントは、「共和主義的体制が永遠平和へ通じる唯一の体制であるかどうか」（『永遠平和』8:350）という問いに対して、経験的にも答えているのである（市民は戦争への負担を嫌がるだろう云々）。したがって、ある経験的な論証が別の経験的な知見によって覆されたとしても何の不思議もないし、だからといって共和主義的体制を目指す義務が否定されるわけでもない。このように『永遠平和のために』は、経験から独立してア・プリオリに議論を進めている箇所と、カントが同時代的な経験から語っている箇所が織り交ぜられている。この著作を正しく理解するためには、どのような根拠にもとづいて議論が正当化されているのか、厳密に見極めることが必要になるだろう。

戦争への権利、戦争における権利、戦争後の権利

次に、国際法について見ていこう。『法論』によれば、国際法のもとで考察されるのは、互いに関係しあう諸国家（Staaten）の法である。そこでは、国家と国家の関係、一国の諸個人と他国の諸個人の関係、そして一国の諸個人と他国との関係が対象となる。国際法はドイツ語でVölkerrechtと言うが、カントによればこの呼称は実は正確ではない。この語はVolk（人民・国民・民族）の複数形VölkerとRecht（法）から成り立っているが、Volkという語は、国家を形成せず自然状態に留まったまま生活している人々を指す場合もあるからである。だが、国際法が対象とするのは国家に属している人々だけであって、こうした人々は対象にはならない（後に見るように、彼らは国際法ではなく世界市民法において扱われる）。したがって、国際法はVölkerrechtというよりもむしろ、厳密には諸国家の法（Staatenrecht）と言うべきものである（『法論』6:343）。

さて、カントは個人と国家を類比的に捉えて議論を進めている。国家間に法を司る機関がない限り、そこは自然状態である。国家間の自然状態は個人の場合と同様に、非・法的な状態であり、たとえ実際に今戦争が生じているのではないにせよ、絶えまない脅威が存在する。そこは、各人の行為を規制する客観的に承認された法則が存在しない状態、無法則状態である。そこでは実のところ、

互いに力に訴えて相手を侵害したとしても、不正をなしたことにさえならない。というのも、そこには行為の正・不正を決める客観的な法則が欠けているからである。自国が他国を侵害していないと考えていても、他国がそう受け取るのであれば、他国は攻撃を加えてくるかもしれない。自然状態には、侵害か侵害でないかを客観的に判定する機関が存在しないのだ。したがって、他国の存在だけで、自国にとっては常に脅威である。こうした状態にとどまり続けようとすることは、最高度の不正にほかならない。それゆえ、個人の場合と同様に、国家も自然状態を脱出して法的状態に入らなければならない。

さらに、個人の場合、自然状態の法のあり方が私法と呼ばれ、国家における法のあり方が（公法の中の）国法と呼ばれていた。自然状態において、外的な対象を自分のものとして持つということがいかに法的に（正当な仕方で）可能なのかを、一般的に規定するのが私法の役割である。しかし自然状態において、各人が私法にしたがって行為するやいなや、外的対象の権利をめぐる争いが生じる。他方、法的状態では、客観的な正しさの基準としての法律が存在し、それにしたがって判決を下す裁判所が存在しうる。こうした国家における法が国法であった。これと同様に、カントは国際法においても、自然状態における国際法と法的状態における国際法のあり方を分けて考えている。(5)厳密に言えば、前者は非・法的状態であり、後者こそが真の国際法だと言えるが、カントは『法論』で前者の自然状態における国際法のあり方も詳しく取り上げている。

それは、自然法学の中で正戦論として論じられてきた、戦争への権利、戦争における権利、戦争後の権利を対象としている。しかし、これらは法的状態の確立後には不必要となるものである。というよりも、それらを不要なものにするためにこそ、法的状態が確立されなければならない。こうした権利に訴える限り、戦争状態はなくならないからだ。カントが繰り返し言うように、単なる停戦条約に過ぎない平和条約と法的状態の確立は全く異なっている。「確かに、平和条約によって今回の戦争は終わるが、しかし（常に〔開戦への〕新たな口実が見出される）戦争状態は終わらない（しかもこれをまさしく不正だと宣言することもできない。というのもこの状態では、各国が自らの権利についての裁判官となるからである）」（『永遠平和』8:355）。

各国が自然状態において持つとされる、戦争への・戦争における・戦争後の権利は、国際法にア・プリオリに含まれる概念からのみ規定される。「国際法の理念は、〔…〕外的な自由の原理にしたがって生じる敵対関係という概念だけを持ち合わせている」（『法論』6:347）。第一に、国家にとっての外的自由とは、要するに、対外的な意味での主権である。国内にはすでに法的体制が存在しており、そこでは立法権者が唯一の法の権威である。しかし、一国が他国の強要下に置かれるなら、国内の法ではなく、他国の強要こそが国内を支配することになるだろう。したがって、各国の外的自由を不可能にするような行為は、自然状態での権利とは認められない。第二に、敵対関係という概念からは、自然状態を脱して法的状態へと移行する義務が生じる。この義務を不可能にする行為もまた、権利とは認められない。

これら二つの基準に即してカントは戦争への・戦争における・戦争後の権利とは何かを規定する。

こうした二つの基準を満たすものは、すべて自然状態においては認められていると考えなければならない。したがって、自然状態で権利として認められる行為の範囲は非常に広く、広いがゆえに自然状態はまさに戦争状態に陥ることになる。

実際、戦争への・戦争における・戦争後の権利はいずれも、法の普遍的原理からは本来「権利」と呼べるような性格のものではない。というのも、ある行為に権利が認められる、つまりその行為が正しいためには、それが普遍的法則にしたがって万人の自由と両立していなければならず、さらに、その法則が各人の同意によって立法されたものでなければならないからだ。自然状態にはそうした同意の契機が存在しない。しかし、それでもなお権利と呼びうるようなものを考えるのであれば、それは各国の間で暗黙に同意が成立しているはずだと想定できるようなものでなければならないだろう。「戦争状態における権利を見つけようとするのであれば、契約と似たものが想定されなければならない」（『法論』6:347）。自然状態にとどまり続けようとするならば、「互いに攻撃しあうとしても、互いに不正をなしていることにはならない。というのも、一方に当てはまることは、他方にも同様に当てはまり、それはあたかも合意があったかのようである」（『法論』6:307）。自然状態では、各国は「やられたらやり返す」という格率にしたがっている。こうしたことには、あたかも双方の合意があるかのようである。こうした暗黙の合意を想定できるものを、カントはとりあえず権利と呼んでいるのである。

第一に戦争への権利は、戦争を開始する正当な理由・条件を特定することで決定される。カントはまず、厳密には国際法というよりも国法の観点から制約をかける。つまり、戦争への権利は国内的には市民の同意に制約されている。国家は支配者の所有物ではなく、国家に属する市民もまた同様である。したがって、国家が市民を任意に戦争へと投入し、戦争の道具として用いることがあってはならない。むしろ市民は「国家において必ず、共同で立法を行なう成員としてみなさなければならない〔…〕。したがって市民は、一般的に戦争遂行に対してだけでなく、個別の宣戦布告に対しても、自らの代表を介して、自由な同意を与えなければならない。こうした制限された条件でのみ、国家は危険な任務を遂行することができる」(『法論』6:345f.)。

次に、戦争への権利は、他国との関係で規定される。自然状態においては、各国にとっての第三者機関が存在せず、権利をめぐる問題は自国の力によってしか解決できない。そこで、国家には他国から侵害されたと考えられる場合にのみ、他国に対する戦争の権利があるということになる。というのも、他国の侵害をやめさせるよう戦えないとすれば、自国の自由が破壊されてしまうからだ。つまり、正当な仕方で認められる戦争は防衛戦争でしかない。だが、侵害には幅広い内容が考えられる。カントによれば、自国民が他国民から侮辱を受けた場合、さらに他国と結んでいた契約が破られた場合にも、自国に対する侵害が発生していると考えられる。また、他国が領土を拡張するなどして力を増大したことが、弱小国にとって脅威だと感じられるとすれば、それもある意味で侵害だとみなすことができる。それゆえ、強国が行動を起こす前に、弱小国がその脅威に対して攻撃を加えることも正当である。

カントはこうした侵害行為を行なう国家を「不正義の敵」と呼んでいる。それは「〔言葉によってであれ行為によってであれ〕公けに表明された意志の中に、普遍的規則となれば、諸国民の間での平和状態を不可能にし、自然状態を永遠化させるに違いない格率が見出される」国家である（『法論』6:349）。こうした国家に対する戦争への権利には「限界がない」。「〔他国によって〕侵害された国家は、確かにどんな手段を用いてもよいわけではないが、しかしそれでも自国の権利を主張するために、それ自体では許容される手段を可能な限り行使してもよい」（『法論』6:349）。

第二に、戦争における権利は、戦争中に正当になされうる行為を特定することで、決定される。すでに戦争への権利として明らかになったように、他国の侵害あるいは脅威が存在しなければ、戦争への正当な理由は与えられない。侵害・脅威に対する戦争は、同害報復の原理によってのみ可能である。つまり、やられただけをやり返すようにしなければならないのだ。ここからは、以下の戦争のあり方が禁止されることになる。例えば、ある国家が別の国家に罰を加えるという懲罰戦争である。そもそも自然状態において国家は互いに独立しており、そこには一国内のように処罰権（執行権）を持った支配者と臣民のような関係は存在しない。さらに、他国を殲滅しようとしたり、征服して一つの国家に併合するといった戦争も禁止される。殲滅・征服の対象になった国家は、自然状態から法的状態への脱出が不可能になるからである。さらに、将来、法的状態を確立する際に必要な信頼を破壊してしまう行為も、戦争の手段として禁止される。例えば、国民をスパイや暗殺者、毒殺者にしたり、デマを流すようなことである。これをすることで、その国家は他国からの信頼を欠き、法的状態にともに入るということが不可能になってしまうだろう。

第三に、戦争後の権利は少々問題である。それは「こうした戦争状態を脱すること、したがって確固たる平和にもとづく体制を、互いに強制しあう権利」だと言われている（『法論』6:343）。こうした『法論』の説明は『永遠平和のために』とは食い違っているとしばしば考えられてきた。問題になるのは、戦争状態を脱出して法的状態（平和状態）に移行するよう、各国を強制することが可能なのかということである。『永遠平和のために』によれば、「無法則状態〔自然状態〕にいる人間に対してなら、「この状態を脱出すべきだ」ということは自然法にしたがって妥当したが、国際法にしたがえば、諸国家に対してそのように言うことはできない」。というのも、国家は国内的にすでに法的体制にあり、他国からもっと適法的な体制に入るよう強制されるいわれはないからである（『永遠平和』8:356）。だとすれば、法的体制への移行は、各国の同意によるしかないということになるはずだ。しかし『法論』では、法的状態に入るよう他国を強制する権利、しかも「（法的状態に近い状態を設立するための）〔…〕戦争への権利」さえ主張されている（『法論』6:344）。カントの真意はどこにあるのか。

しかし実のところ、法的状態への移行は強制か同意かという二者択一の問題ではない。『法論』において、法的状態への強制が戦争後の権利として提示されているということに着目すれば、このことが理解されるだろう。戦争後にしか法的状態への強制は可能ではなく、戦争が実際に行なわれていない状態においては、そうした強制は認められないのだ。

カントによれば、戦争後の権利とは、平和条約締結における権利である。「敗戦国と同意して平和の締結に至るための条件について交渉がなされるが、その条件は戦勝国が設定する」。その際、「敵国による侵害だと戦勝国が述べるものに関して、戦勝国に認められ、口実に持ち出されるべき何らかの権利に適った仕方で」、こうした平和条約の条件が設定されるのではない。むしろ「戦勝国はこうした〔権利の〕問題を棚上げし、自らの権力にもとづいて」平和条約の条件設定を行なう（『法論』6:348）。というのも、自然状態においては、平和条約の条件を設定する際、戦勝国と敗戦国のいずれに非があったのか、戦勝国の権利がどの程度侵害されたのかといったことを第三者的に判断し、その判断に両国をしたがわせることができるような機関は存在しないからである。戦勝国だけが、しかも自らの権力に物を言わせて、平和条約の条件を作るしかなく、これが戦争後の権利として規定されているのである。

しかし、どのような条件を作るのかということに関しては、制約がある。その戦争を懲罰戦争にしてしまうような条件は設定できない。第一に、（驚くべきことに）戦勝国は戦費の補償を敗戦国に求めることができない。というのも、こうした要求の前提にあるのは、敗戦国の戦争を不正義と見なす判断だからである。確かに、不正義がなされたのであれば、その懲罰として戦費の補償を要求することができるかもしれない。しかし、自然状態においては、各国は自らの正しさにもとづいて戦争を行なうしかなく、その戦争が正当なものだったのか不当なものだったのかを客観的に判断する審級は存在しない。にもかかわらず戦勝国が戦費の補償を求めるなら、その戦争が懲罰戦争だったことになり、戦争における権利に反してしまう。第二に、戦勝国が敗戦国を植民地化し、その国民を奴隷化することも排除される。もしこれが可能だとすれば、その戦争は懲罰戦争だったということになるが、これもやはり矛盾している。

それでは、戦後の権利としてどのような平和条約の条件が設定できるのだろうか。まず考えられるのは、停戦協定を結ぶということである。次にカントが挙げるのは、「〔敗戦国の〕国民に、性質上、戦争への傾向性にとって不都合な体制を採用させる」ということである（『法論』6:349）。確かにポーランド分割のように、敗戦国の国土を分割して一国を地上から消滅させるというようなことは、その戦争を懲罰戦争にしてしまうために認められない。しかし、敗戦国の国家体制を戦争への傾向が少ないものへと、すなわち共和制へと変革することを求めることは可能である。

これらに加えてさらに重要なことは、平和条約の条件として、敗戦国に対して先ほど問題にした法的状態へと入ることを求めることができる、ということである。この場合、戦勝国は法的状態への移行を平和条約の条件とすることで、間接的に敗戦国を強制することになる。カントが戦争後の権利として、戦争状態から法的状態への移行の強制を挙げるのは、こうしたことを意味しているだろう。この場合、戦争は他国からの侵害によって開始されたものであり、戦勝国は戦争の開始において正当性があり、さらに平和条約の条件に法的状態への移行を挙げることで懲罰戦争にも陥らず（戦争中の正しさも確保され）、正当な仕方で他国を強制することができる（戦争後の正しさ＝権利）。こうして開始された戦争であれば、法的状態を設立するための戦争と呼べるはずだ。これ以外に、自然状態にありながらも正当な仕方で法的状態への移行を強制することは不可能だろう。後述するように、法的状態への移行は、戦争後の権利として強制される以外には、各国の同意が必要となる。

国際法――法的状態の設立

こうした戦争への・戦争における・戦争後の正しさ＝権利は、戦争の開始から終わりまでの正しい行為を規定し、正しくない行為を排除するものである。しかし、とりわけ戦争への権利に関して、他国の侵害が意味するところは非常に広く（大国の力の増大でさえ弱小国にとっては侵害を構成する）、また侵害に対する防衛戦争をどのような手段を用いてどの程度行なうべきかは、ほとんど何も規定されていない。これはカントにその意図がなかったというよりも、自然状態においてはそうしたことはア・プリオリに規定できないということだろう。各国は、自らの考える正しさにもとづいてこうした権利を行使するしかなく、その権利が本当にあったのか、その権利を正しく行使していたのかということを、客観的に判断する審級は存在しないのだ。だからこそ、カントは自然状態は戦争状態であり、そこにとどまるだけで最高度の不正を意味すると述べるのである。

こうした自然状態からの脱出義務は、個人における場合と全く同じように考えられている。国際政治学で言うところのドメスティック・アナロジーにもとづいて、国際法が構想されているのだ。しかしアナロジーが成り立つのは、個人にも国家にも同様に自然状態を脱出する義務があるという点までである。個人の場合、自然状態を脱出し法的状態に入るということは、立法権・行政権・裁判権を備えた国家に所属するということを意味する。国家においては、支配者と臣民という上下関係が存在し、法律の遵守は処罰の恐怖によって強制されている（共和制においても、市民は立法権者であると同時に、法にしたがうという意味では臣民である）。

しかし、国際法の場合、諸国家が自然状態を脱出した先に待ち受けるのは、国家ではありえない。というのも、だとすれば「多くの諸国民が一つの国家における一つの国民になってしまい〔…〕、前提に矛盾する」からである。つまり、先ほど見たように国際法はStaatenrechtであって、常に複数の国家を前提としているのだ。「諸国民が同じ数だけの国家を構成し、一つの国家に融合しない限りで、諸国民相互の法を考察しなければならない」（『永遠平和』8:354）。

こうした国際法の概念分析の帰結は、存外に重要である。[6] カント研究の中では、カントが国際法秩序として、主権を持った国際体制を構想していたのか、それとも主権を持たない体制を構想していたのか、解釈が分かれてきた。しかしここからまず帰結するのは、前者はカントの国際法構想からは外れるということである。そもそも、諸国家が自然状態を脱して法的状態に移行することが一つの国家を形成することを意味するとすれば、その時には国際法ではなく国法の議論で足りることになってしまうだろう。

それでは、国際法における法的状態とはどのようなものなのか。『永遠平和のために』第二確定条項によれば、「国際法は自由な諸国家の連合Föderalismに基礎を置くべきである」。すなわち、国際法における法的状態は、自由な諸国家の連合にほかならない。これは外的な自由を持った国家の複数性という国際法概念からの帰結である。『法論』によれば、国際法の要素には以下の四つのものがある。（一）互いの外的な関係性について、諸国家は非・法的状態にある。（二）この状態は戦争状態である。この二点——自然状態における国際法——に加えて、（三）「互いの国内紛争に介入するためではなく、外敵の攻撃から防御するために、根源的社会契約の理念にしたがって、国際連合 Völkerbund が必要である」。（四）「この結合は（市民的体制におけるような）主権を決して含んではならず、むしろ同胞関係（連合）だけを含まなければならない」（『法論』6:344）。

カントはこうした諸国家の連合が存在する状態を、法的状態とみなしている。これは外敵からの攻撃に対する、いわゆる集団安全保障体制である。しかし、各国が戦争を行なうことでしか紛争を解決することができない自然状態を脱出するためには、国際連合は、連合に加盟していない国家による攻撃からの防衛という消極的な機能だけでなく、さらに積極的な機能をも持たなければならない。それは、連合加盟国内で生じた紛争を、戦争によることなく審理によって解決するという機能である。カントによれば、「平和を維持するための、複数の国家のこうした連合は、常設の諸国家会議と呼ばれる」（『法論』6:350）。

その例として挙げられるのは、現オランダのハーグに置かれていたネーデルラント連邦共和国の議会（Generalstaaten in Haag）である。[7]これはもともとは領邦貴族の代表議会であったが、スペイン継承戦争中の一七一〇年、議会で神聖ローマ帝国皇帝とイングランド、ネーデルラントとの間で協定が結ばれ、ドイツのスウェーデン領を中立地帯にする宣言が行なわれた。これ以降、この議会は国際紛争の調停機関としての役割を果たすようになっていった。例えば一七一二年には、連邦議会とイングランドは神聖ローマ皇帝とサヴォイア公国の仲裁を行なっている。カントによれば、当時のハーグの連邦議会にはヨーロッパのほとんどの大臣が参加し、「他国から受けた攻撃について提訴し」、「こうして全ヨーロッパが一つの連邦国家のように考えられ、その国家が言わば公的な争議における仲裁判事のようにみなされた」(『法論』6:350)。カントが言うほどハーグ連邦議会が重要な役割を果たしていたのかは疑わしいが、いずれにせよ、国際法を実効化し法的状態をもたらす国際連合を、カントはこのように紛争を審理によって解決する機関として構想している。

ただしこの会議は「(アメリカ合衆国のように)一つの国家体制にもとづいており、それゆえに解消不可能な結合ではない」(『法論』6:351)。つまり、主権を持った国家ではない。むしろそれはどの国家の参加にも開かれていると同時に、どの国家も離脱が自由であり、またそれゆえに期限を決めて会議の存続が更新される必要がある。戦争後の権利として、戦勝国が敗戦国をこうした会議に参加するよう強制することは可能であるが、それ以外にこれを強制することはできないだろう。こうした平和状態は「諸国民相互の契約なしには、設立も維持もされえない」からだ(『永遠平和』8:356)。

このように、国際連合を設立することによって法的状態への移行が果たされるのだが、それは単に局所的・地域的、すなわち少数の国家だけの連合であってはならない。そうなれば、連合と連合外部には依然として自然状態が広がっていることになるからである。

諸国民の自然状態は、個人の場合と全く同じく、法則が存在する状態へと入るために脱出すべき状態である。それゆえ、これが実現する前には、諸国民の権利の一切は、そして、戦争を通じて獲得され維持されている国家の外的な権利は、単に暫定的であるにすぎず、（人民を国家にするための統合と類比的に）ただ普遍的な国際連合（Staatenverein）においてのみ確定的になりうるし、真の平和状態が成立する。（『法論』6:350）

つまるところ、真の意味で法的状態が世界的に実現されるためには、こうした普遍的な国家連合、すなわちあらゆる国家が参加する常設の国家会議が設立されなければならないというのだ。ここでも、暫定的・確定的という概念が用いられていることに注意しよう。国家が取得したと考えている領土は、しかし普遍的な国際連合が設立されるまでは、暫定的な占有にすぎない。というのも、その領土の占有が、他国にとっての侵害である可能性を免れ得ないからである。自然状態においては、こうした領土問題は結局、力の強い国が勝利することになる。その領土の占有が客観的にも正しいものであるかどうかは、普遍的な国際連合における取り決めや審理を通じて確定されなければならないのだ。

世界君主制か世界共和制か国際連合か

『永遠平和のために』と『法論』の記述から、カントがこうした普遍的な国際連合の設立こそ、真の平和状態の設立に不可欠のものであると考えていたことが分かる。他方、『永遠平和のために』においては『法論』と違って、国際連合以外にも二つの国際秩序体制の可能性が示唆されている（単なる勢力均衡は当然含まれない）。それは第一に世界君主制（Universalmonarchie）と呼ばれるもの、第二に世界共和制（Weltrepublik）ないし国際国家（Völkerstaat）と呼ばれるものである。

第一のものは、専制として否定されている。国際法は諸国家が分離されているということを前提としており、この状態は「他国をしのぐ大きさになって世界君主制に移行する一つの権力によって、諸国家が融合することよりも、理性の理念にしたがえば好ましい」（『永遠平和』8:367）。世界君主制はもともと、神聖ローマ帝国皇帝がキリスト教世界全体の君主となり、異教徒との闘いに備えるとする思想を指すが、一八世紀には、勢力を増し、領土や植民地の拡大に野心を燃やす君主国フランスに対する批判の言葉として用いられていた(8)。カントによれば、世界君主制が好ましくないのは、統治の範囲が拡大するにつれて法律の力が失われ、「魂を欠いた専制」が最終的に無政府状態を招くからである（『永遠平和』8:367）。専制は、『永遠平和のために』においては、立法と統治（執行）の非分立を意味した。カントが念頭に置く世界君主制では、立法と執行が同じ君主によって担われるために、必然的に専制となるのだろう。しかも、その統治の範囲が世界規模に拡大すれば、世界の果てまで法律の効力を保つことは難しくなる。したがって、世界君主制は無政府状態を招く「魂を欠いた」専制にならざるをえない。

第二に、国際秩序体制のもう一つの可能性は、一つの世界大の共和制である。世界共和制ないし国際国家と呼ばれる体制において、おそらく各国家は立法権を持ち、自らがしたがうべき法を制定することになるだろう。言い換えれば、世界共和制・国際国家は、国際連合とは違って主権を持つ。しかしカントによればこの体制は好ましくない。確かに「理性にしたがえば」、戦争状態から脱出するためには、国家が自然状態の自由を放棄し、「公的な強制法則を甘受し、〔…〕最後には地球の諸国民すべてを包摂する国際国家（civitas gentium）を構築する」以外には考えられない。「しかし、諸国家は自らの国際法の理念にしたがって、これを完全に意志せず、〔…〕一つの世界共和制という積極的理念の代わりに、（すべてを失わないでおくとすれば）戦争を遠ざけ、持続し常に拡大していく連合という消極的代用物だけが、法を拒絶し敵対しようとする傾向性の流れを止めることができるだろう」（『永遠平和』8:357）。ここで国際国家ないし世界共和制と呼ばれるものは、公的な強制法則によって各国家を臣民として扱うことになる、主権を持った国際体制である。それゆえ国際国家の設立は、各国家にとっては自らの主権の上位に、国際国家の主権を置くことを意味するだろう。各国家は、こうした国際国家への融合を望まないだろうから、消極的代用物として国際連合が望ましい、というのだ。

これら二つの国際秩序体制の可能性が否定される理由をカントはわずかにしか述べておらず、これまでその正しい読み方をめぐって論争が行なわれてきた。とりわけ問題視されてきたのは、どうして世界共和制（国際国家）ではなく国際連合なのかという点についてである。各国家が望まないから国際国家はダメだ、とカントは述べているように思われるが、だとすれば、それは理性にしたがえば正しいはずの規範が、各国家は望まないだろうという経験的な憶測によって否定されてしまっていることにならないか。ア・プリオリに導出された規範が、経験によって否定されるのだとすれば、カントらしくないのではないか。

合理的な解釈としては、二つの方向性が考えられる。第一に、こうした経験的な根拠にもとづいた議論は、世界共和制自体の正当性を理論的に否定するものではなく、その実現可能性に関して否定しているだけだ、という解釈である。(9) つまりカントは、永遠平和を実現することは可能であるかという問いに対して、世界共和制は各国家が望まないために実現不可能かもしれないが、国際連合であれば実現可能であると答えているというのだ。しかしその際、永遠平和を目指す諸国家を導いてくれるのは、世界共和制という積極的理念である。この理念は実現不可能であるにせよ、諸国家が戦争を遠ざけ、連合加盟国を拡大していくためには、不可避の理念だとされる。

しかし、こうした解釈には難点がある。国際法という概念の分析が疎かにされているのだ。Völkerrecht と呼ぶにせよ Straatenrecht と呼ぶにせよ、国際法の概念は、自由な国家の複数性を前提にしている。世界共和制は実践的理念として重要だが、実現可能性を考えれば国際連合だという解釈をとるなら、結局のところ国際法の意義は見失われ、世界平和を考える際には国法で十分だということになってしまう。世界共和制は主権を持った体制だからだ。しかし、カントはそうした立論を採っていない。自由な国家の複数性を前提とした国際法の理念に対応するのは、普遍的な国家連合である。「理性が国際法の概念と必然的に結びつけなければならないのは〔…〕自由な連合」であり（『永遠平和』8:356）、世界共和制は国際法の理念として適当ではない。

第二の読み方においては、この箇所での世界共和制否認論は決して経験的な根拠を提示したものではなく、国際法の概念的な分析にもとづくものであると解釈される[10]。各国家が国際法の理念にしたがって自らの意志を決定するなら、その時には世界共和制への参加を意志するということは不可能だろう。というのも、国際法の理念上、国家の複数性が前提とされているにもかかわらず、主権を世界共和制に譲渡することを国家が意志するとすれば、矛盾するからである。しかしもちろん、国際法を前提とせずに考えるのであれば、世界共和制の実現を否定する必要はない（それは国法として可能であるだろうが、国際法では不可能だというだけである）。

さらに、積極的理念と消極的代用物の対比も、前者のほうが規範的に優れており後者のほうが劣っているということを意味しない。むしろ、世界共和制は主権を備え、強制力を伴った公的な法則を立法するという意味で、積極的である。それに対し、国際連合は加盟国内の争議を審理によって解決し、戦争を遠ざけておくという点に関して消極的である。そして、国際法の理念に合致するのは、この意味で消極的な代用物、拡大し続ける連合である。実際『法論』では、世界共和制（実現不可能）と拡大し続ける連合（実現可能）という対比ではなく、普遍的な国際連合と拡大し続ける連合が対比されている。

だが、〔普遍的な国際連合のような〕こうした諸国民の国家Völkerstaatが、広大な地域にまで拡張されすぎてしまうと、その統治が、したがって各構成員の保護が、結局は不可能にならざるをえず、こうした多数の団体はふたたび戦争状態をもたらすので、（国際法全体の究極目的である）永遠平和は実行不可能な理念である。しかし、これを目的とする政治的原則、すなわち、こうした国家の結合に入ることを目的とする政治的原則は、永遠平和への継続的漸近に貢献するものとして、実行不可能な理念ではなく、むろん実行可能である。永遠平和への漸近は、義務にもとづき、したがって人間と国家の権利にもとづいてもいる課題なのだから。（『法論』6:350）

広大な地域にわたって諸国家の連合が形成されるなら、国家間の争議を審理によって解決することは難しくなり、結局は内部分裂を起こして、戦争状態に至るかもしれない。しかしにもかかわらず、こうした国家連合に加入し、普遍的な国際連合を形成しようと努力することは、国際法の理念によって各国家に義務付けられた政治的原則なのである。(11)

世界市民法

公法の体系の最後を飾るのは世界市民法である。国法・国際法に対して、世界市民法は地球上すべての人間を対象としている。それは人類愛といった倫理的な原理ではなく、法的なものであり、世界中の人々の交流に関係している。『永遠平和のために』によれば、「永遠平和のための第三確定条項」は「世界市民法は普遍的な友好の条件に制限されるべきである」というものである。友好や歓待などと訳されるHospitalität（hospitality）は、しかしその語が喚起する豊かなイメージとは違って、ごくわずかな内容しかもってはいない。それは「外国人が他国の土地に到着したという理由で、その国の人から敵対的に扱われないという権利」を指す（『永遠平和』8:358）。これは例えば、客としておもてなしされることを要求したり、あるいは、その土地への定住を要求できる権利ではない。むしろ、地球上に住まうすべての人を訪問し、交流することを許す権利であるにすぎない。したがって、世界市民法によって規定される権利は、一言で言えば訪問権ないし交流権である。

まずはこうした法・権利が、どのようにして正当化されているのかを確認しておこう。世界市民法・世界市民権の根拠となるのは、人間が生まれ落ちた地球は球体だという事実である。この事実は、事実であるにもかかわらず、人間にとってはア・プリオリに妥当するものであるとカントは考えている。カントは端的に言って、火星に移住する可能性や宇宙ステーションで暮らす計画を排除しているように見える。地球という球体は限界のある平面であり、無限の平面ではない。人間を人間たらしめるア・プリオリな条件は、この限界ある地表に生まれ落ちるということである。この条件を外して人間の生存を考えることはできない。したがって、人間はこの地上に生まれ落ちるやいなや、限界のある地表のどこか一部を占有せざるをえない。これは何らかの行為によって取得されなければいけない権利ではなく、行為以前の段階で――カントの言葉を使えば根源的に――誰しもに認められる権利である。

さらに、すべての人がこうして生まれ落ちた場所を占有せざるをえないということは、同時に、地球の地表という限界のある平面が、すべての人に共有されていると考えざるをえないということでもある。このことが意味するのは、地球上のすべての人は互いに影響を与えあう関係に置かれているということだ。そして、ここから帰結するのが、こうした相互の影響関係を拒むことはできないという法則、すなわち世界市民法である。この法則にしたがって与えられる世界市民権は、先に見たように交流権であり、「どんな諸人民も〔…〕交流を試みる権利を持ち、外国の人が交流しようとしてきた人をそれゆえに敵として扱うことは正当化されない」(『法論』6:352)。

カントがこうした権利を主張することによって意図しているのは、一八世紀末のヨーロッパにおいていよいよ激化する植民地主義への批判である。[12] 国際法は国家に属している人民を対象にし、国家に属さない、当時未開人と呼ばれていた人々を対象にしてはいなかった。後者を包摂するのが、世界市民法である。

とりわけ、訪問権・交流権は植民地主義を抑止するものだ。確かに一方では、訪れた外国人を敵視し、所有物を略奪したり、奴隷化したりすることがあってはならない(北アフリカの先住民やアラビア人が例に挙げられている)。しかし他方では、外国を訪れる人はそうした敵対的扱いを受けないことだけを要求できるのであって、その土地に定住したり、あるいは先住民に対して非友好的な振る舞いをすることがあってはならない。土地に定住するためには、先住民との契約が必要だろう。

第二章で見たように、ロックの所有権論からは植民地政府設立が正当化されるが、カントの考え方ではそうではない。カントがこれを問題にしているのは、まさに世界市民法においてである。そこでは、「ある国民が土地を新発見し、その地域にすでに場所を占めていた民族の近隣に、その同意を得ることなく、居住したり占有取得したりしようとしてもいいのか」という問いが立てられている（『法論』6:353）。これは、訪問権は定住、さらにその土地の取得を正当化するかという問いにほかならない。もちろん正当化されない。『永遠平和のために』では、アメリカやアフリカを訪れるヨーロッパ人が、勝手にその土地を無主地だとみなし、植民地建設を正当化したことが批判されている。この観点からカントは、日本と中国の鎖国政策が、ヨーロッパの植民地主義者の非友好的振る舞いを吟味した末での思慮に富んだものだったと評価しさえする（『永遠平和』8:359）。

こうした世界市民法ないし世界市民権が、単に道徳的なものではなく法的なものであるためには拘束力が必要になるだろう。カントはその拘束力がどこからやってくるのか説明していないが、ありうるとすれば、国際法において設立された国際連合での取り決めかもしれない。ある解釈者は、世界市民法は、敵対的な仕方ではない経済的交流のルールとして実定化されるだろうと主張している[13]。確かに、世界市民法の中には、国際商業上のルールとして具体化できるものも含まれているだろう。しかし、カントは世界市民法を論じる中で、海岸に漂着した船員を奴隷化してはならないという例を挙げており（『永遠平和』8:358）、世界市民権が友好的な経済交流の権利に還元されるわけではない。

訪問権・交流権は、まずもって移動の権利であり、現代的に言えば移民・難民の権利を構成しうるものでもある。国法も国際法も、世界中の人々の国家を介さない交流を統制することはできず、その統制にこそ世界市民法固有の意義がある。その理念は、「公的な人間の権利一般のための、そしてそれゆえに永遠平和のための、国法と国際法の未だ書かれざる法典を補完する、不可欠なもの」なのだ（『永遠平和』6:360）。

永遠平和への道——再び理論と実践

国法・国際法・世界市民法は、いずれも法の普遍的原理と生得的自由権からア・プリオリに導き出された、あるべき法のあり方を描き出している。それらは一国内だけでなく世界規模で、つまり真の意味での万人の自由の両立を可能にする法制度である。カントにおいて平和の意味は、こうした自由の両立にこそある。自然状態＝戦争状態は、常に他国の恣意的な強要のもとに置かれざるをえない不自由を意味する。あるいは、その人が外国人であるという理由だけで敵対的に扱われるのであれば、その人には移動の自由も交流の自由も存在しなくなる。自らが同意した法にしかしたがわない自由を万人が享受するということ、自らの行為を規制する法の共同立法者であること——カントの共和主義は、国法のみならず国際法と世界市民法をも貫いている。国法・国際法・世界市民法の実現は、永遠平和の実現であるとともに、万人の自由が普遍的法則にしたがって調和する世界の到来でもあるのだ。

もちろん、永遠平和という政治的最高善は、理性から導かれた理念である。しかし、万人の自由の両立を可能にせよ、法的状態を実現せよという法義務は、経験から独立して導かれているがゆえに、いつどこの誰にでも、普遍的に当てはまるものとなる。少なくともカントはそのように考えていた。しかし他方、カントは理念を理念のまま提示すれば、現実はそれを受け止めて自ずと変革されるはずだとは考えていなかった。第三章で見たように、国法の理念である純粋共和制に対して、真の共和制と君主による共和主義的統治は、実現可能な国家体制として提示されている。「非共和主義的体制から、君主による共和主義的統治を経て、真の共和制へ」という自然法的体制の進歩は、支配者が踏破すべき改革の道筋を示している。同様に『永遠平和のために』では、永遠平和を実現するための、さまざまな経験的道筋が提案されている。

例えば「永遠平和のための予備条項」として示される六つの条項は、国際法における法的状態を可能にするための必要なプランを描き出している。そこには、『法論』で言われていた、自然状態における国際法にしたがえば禁止されるもの（戦争への・戦争における・戦争後の正しさ＝権利として認められないもの）だけでなく、諸国家が自然状態を脱出するための手段として経験的に必要だとカントが考えたものも含まれている。単なる停戦協定を平和条約としてみなすな、他国を相続や買収によって取得してはならない、常備軍は全廃せよ、戦時国債の発行をやめよ、他国の政治体制に暴力的に介入するな、暗殺者や他国民の煽動などの敵対的手段をやめよ。これらは政治家が歩むべき永遠平和への道を照らす指針となるだろう。

あるいは第一補説「永遠平和の保証」では、さまざまな経験的根拠が引き合いに出されて、国内においては共和制が、国家間においては国際連合が、そして万民の間では世界市民状態が設立される方向へと、人類史がいやおうなく――あたかも自然がそれを保証してくれるかのように――進んでいくことが示されている。確かにこれはカントの歴史哲学にもとづくものだが、それはむしろ実践的な役割を担わされている。

第一補説の叙述の主語は自然である。人類の歴史は、永遠平和を実現しようとする自然の意図に突き動かされるかのように進んでいく。これは「世界市民的見地における普遍史の理念」以来、一貫したカントの歴史の見方である。しかしこの歴史叙述は、人類の未来を予測する歴史認識を提供することを目的としているのではない。むしろ、カントの歴史叙述の意図は非常に実践的である。(14) 人類史を自然の観点から観察したとき、あたかも自然の導きにしたがって永遠平和が実現されていくかのような光景を描くことができると主張することで、カントは永遠平和の、つまり共和制と国際連合と世界市民状態の実現可能性を描き出しているのだ。

一七九三年に「理論と実践」を発表したあと、カントは「理念は理念だ、現実には不可能だ」という批判に晒された。例えば、後にオーストリアの宰相メッテルニヒのもとで宮廷顧問官にまでのぼりつめた保守派の評論家フリードリヒ・フォン・ゲンツ（一七六四－一八三二）によれば、「〔カントが言う〕人間の権利の知識は〔…〕確かに欠かせないものだが、しかしなお単なる予備知識でしかない。この権利の理論を実現するための手段を発見しようとするなら、その理論を超えて進まなければならない。経験だけが〔…〕実践的活動の材料となりうる」[15]。

あるいは、ハノーファーの保守的な政治評論家アウグスト・ヴィルヘルム・レーベルク（一七五七－一八三六）は、なお辛辣だ。ア・プリオリな理性の原理にもとづくカントの国家は、「その成員が完全に（形而上学的に）自由な存在である〔…〕世界にしか適用できない理念」だ。「ルソーも述べているように（その原理はカント氏の理論と本質的に完全に一致し、ただ『社会契約論』の用語をふさわしい場所に書き入れてやりさえすればよい）、彼の体系はただ神々からなる共和制にのみふさわしく、神々はしかし市民的体制などはまったく必要としない」。実際の人間は神でもなければ、カントが言うように自由な存在でもない。にもかかわらずカントやルソーの国家の理念が現実に適用されれば、「そこから生じるのは、現在の市民的体制の完全な解体以外にはありえない」[16]。カントの言う国家の理念を実現しようと思えば、それは革命以外にはなく、そして革命はあのフランスでのようにかくも悲惨な結果を招くというのだ。

これに対してカントは、理念を実現することは可能であり、しかもそれは革命ではなくむしろ着実で漸近的な改革によって可能であると反論する。そもそも共和制の樹立は神や天使のような有徳な人間だけに可能なのではなく、むしろ「悪魔からなる人民」であっても悟性さえもっていれば可能である。というのもこの場合、人間の有徳さではなくて、自由の両立を可能にする制度設計に利用できる「自然のメカニズム」、すなわち経験的知識こそが問われるからだ（『永遠平和』8:366）。

またそもそも政治とは、理性によってアプリオリに示された国法・国際法・世界市民法を執行するもの、「執行する法論」である[17]（『永遠平和』8:370）。カントが生きた一八世紀末は、プロイセンの東と西で理念への希望が潰えつつある時代だった。フランス革命は過激化していき、ナポレオンの帝政が生まれつつある一方、オーストリアでは君主による急ぎすぎた改革が民衆暴動を引き起こし、挫折してしまっていた。プロイセンはといえば、隣国の革命を前に政治も言論空間も保守化し、法・政治改革は停滞している。一方では理念の実現を急ぎすぎて目的達成に失敗する政治があり、他方で理念の実現は混沌と無秩序をもたらすとして、一切の改革を断念する政治があった。『永遠平和のために』でカントが「道徳的政治家」という形象をもって語っているのは、これら両極端の間を行く政治の姿である。

道徳的政治家は、心根において倫理的である必要はない。カントにおいて法と徳（倫理）は区別されており、法の領域において内面の動機は度外視される。政治における道徳性はむしろ、国法・国際法・世界市民法の理念へと、つまり、万人の自由の両立という理念へと、絶えず漸進的に改革を進めていくことにある。

一方で、共和制や国際連合といった理念が今実際に実現可能なのかを全く顧慮せずに、改革を断行する性急な政治は自らの目的を取り逃がす。「確かにわずかな程度の適法性をもった、しかし何らかの法的な体制は、それが一切存在しない状態よりも良い。急ぎすぎた改革は後者の（無政府状態という）運命に逢着するだろう」。他方で、理念の実現へとこれっぽちも歩みを進めようとしない政治は自己破壊的である。政治は「法に反する国家原理をとりつくろって、理性が命じるようには理念にしたがって善をなすことができないのが人間本性だということを口実に、できるかぎり改善を不可能にし、法的違反を永遠化しようとする」ことなど決してあってはならない（『永遠平和』8:373）。

万人の自由の両立を可能にする国家体制への改革、国際関係への働きかけ、こうしたことは法の理念によってア・プリオリに命じられる政治の義務である。この義務を首尾よく果たすため、政治は性急すぎて失敗に終わる改革と、改革の永遠の先延ばしの間を進んでいかなければならない。政治に必要なのは、「早まって暴力的にその目的を引き寄せるのではなく、好都合な状況を見計らって絶え間なくその目的に漸近していくという思慮」なのだ[18]（『永遠平和』8:358）。このように、カントは万人の自由の両立という規範を理念として打ち立てながらも、その実現を一息に求めたのではなかった。むしろ、理念を提示しただけではなかなか変わらない現実を前提とし、それでもなお理念へ向けた漸進的な改革こそを政治の役割としたのである[19]。

〈注〉

（1）最近、カントの伝記の決定版が翻訳された。マンフレッド・キューン、菅沢龍文訳『カント伝』春風社、二〇一七年。

（2）「サン＝ピエール師の永久平和論抜粋」と「永久平和論批判」は、川出良枝選、山路昭他訳『ルソー・コレクション　文明』白水社、二〇一二年に収録されている。

（3）統一的に見るものとして、Pauline Kleingeld, Kant's Theory of Peace, in P. Guyer (ed.), *The Cambridge Companion to Kant and Modern Philosophy*, Cambridge: Cambridge UP, 2006, 477-504. とりわけ本書は次をかなり参考にした。Oliver Eberl und Peter Niesen, Kommentar, in ders (Hg.) Immanuel Kant, *Zum ewigen Frieden und Auszüge aus Rechtslehre*, Berlin: Suhrkamp, 2011, 89-357.『永遠平和のために』と『法論』には立場の変更を認めるのは、Alessandro Pinzani, Das Völkerrecht, in O. Höffe (Hg.), *Metaphysische Anfangsgründe der Rechtslehre*, 235-256. S. Byrd and J. Hruschka, *A Commentary*, chap. 9.

（4）Michael W. Doyle, Kant, Liberal Legacies, and Foreign Affairs, *Philosophy and Public Affairs* 12, 1983, 205-235 and 323-353.

（5）この解釈については、Eberl und Niesen, *op.cit* を参照。

（6）石田京子「カントによる〈世界共和国否定論〉の再検討」『哲学』第六五号、二〇一四年、一〇三〜一一七頁。

（7）Eberl und Niesen, *op. cit*, 371.

（8）Franz Bosbach, *Monarchia Universalis: Ein politischer Leitbegriff der frühen Neuzeit*, Göttingen: Vandenhoeck & Ruprecht, 1988.

（9）Kleingeld, *op. cit*, 484-488.

（10）Eberl und Niesen, *op. cit*, 232-248.

（11）とはいえ、なぜ諸国家が一つの国家を形成してはならないのか、言い換えれば、なぜ国家の複数性を前提としなければならないのか、カントは説明していないように思われる。

（12）カントの植民地主義に対する態度をさまざまな角度から検討したものとして、Katrin Flikschuh and Lea Yi (eds.), *Kant and Colonialism. Historical and Critical Perspectives*, Oxford: Oxford UP, 2014.

（13）Byrd and Hruschka, *op. cit*, 205-211.

（14）拙稿「歴史と自然——カントの歴史論における政治的啓蒙の契機」『相関社会科学』第二三号、二〇一四年、三

～一七頁。「カント歴史論における統治批判と自然概念：ヒューム・スミスとの比較を通して」『社会思想史研究』第三八号、二〇一四年、六六～八五頁を参照。

(15) Friedrich von Gentz, Nachtrag zu dem Räsonnement des Herrn Professor Kant über das Verhältniß zwischen Theorie und Praxis, *Berlinische Monatsschrift* 22, 518-554. Nachgedruckt in D. Henrich (Hg.), *Kant. Gentz. Rehberg. Über Theorie und Praxis*, Frankfurt am Main: Suhrkamp, 1967, 91-111, hier 103.

(16) August Wilhelm Rehberg, Über das Verhältniß der Theorie zur Praxis, *Berlinische Monatsschrift* 23, 1794, 114-142. Nachgedruckt in D. Henrich (Hg.) *op. cit*, 115-130, hier 127f.

(17) こうした政治概念の含意については、拙稿「政治・道徳・怜悧——カントと執行する法論」『政治思想研究』第一四号、二〇一四年、三五六～三八四頁を参照。

(18) このように性急な改革と改革の永遠の先延ばしの間を政治は進んでいくのだが、それをカントは許容法則という概念で考察している。R. Brandt, Das Erlaubnisgesetz, in ders (Hg.), *Rechtsphilosophie der Aufklärung*. 拙稿「カントと許容法則の挑戦：どうでもよいこと・例外・暫定性」『法と哲学』第一号、二〇一五年、一三三～一六五頁。

(19) カントの政治哲学の非理想理論的側面を強調する研究として、Christoph Horn, *Nichtideale Normativität: Ein neuer Blick auf Kants politische Philosophie*, Berlin: Suhrkamp, 2014.

あとがき

カントが生き、著作を発表した時代からすでに二〇〇年以上が経った。先進国の多くは、カントの言う意味で真の共和制を制度的に実現し、国際連合はまさに絶えず拡大しつつ現実のものとなっている。しかし同時に、自らが同意した法にしかしたがわない自由を世界のあらゆる人が享受しているか、理性からア・プリオリに導かれた法の理念は、常に私たちに問い掛けてくる。カントの共和主義が示すのは、万人の自由の両立という理念である。私たちは一人で自由でいるのではなく、他のすべての人とともに自由でなければならない。

理念を見失った政治が方向性を失い、市場を混乱に陥れて、市民の間に分裂をもたらす光景は、そこここで見られる。政治はどんな理念を掲げるべきか、どんな理念のもとへと向かっていく時に私たちは最も自由になるのか、政治が理念へと進んでいくために私たちは何ができるのか。こうした問いを根本的に考えるために、カントの政治哲学的著作に手を伸ばそうとする人に対して、本書が何かの手助けになることを願っている。

本書の執筆を強く勧めてくださったのは、白澤社の坂本信弘さんです。私のブログを見ていただいていたことがきっかけでお話を頂きました。駆け出しの研究者である私にこのような機会を与えてくださったことを、心から感謝いたします。

また本書には、東京大学大学院総合文化研究科に提出した博士論文「カントの共和制の理念：18世紀末プロイセンの「理論と実践」論争を文脈として」（二〇一七年学位取得）を執筆する中で明らかになった知見が盛り込まれています。大学院でご指導いただいた森政稔教授、また博論審査に加わっていただいた諸先生方にも深くお礼申し上げます。原稿については、東京大学大学院でともに学んでいた生間元基氏、川崎聡史氏、柴田温比古氏、品治佑吉氏からコメントを頂きました。忙しい中でコメントして頂けたことは、大変ありがたかったです。

最後に、いつも私を見守ってくれている父幹雄、母俊子、祖母照子、祖父浜崎幸雄に本書を捧げます。

二〇一七年十一月

網谷壮介

《著者》
網谷壮介（あみたに そうすけ）

1987年大阪府生まれ。京都大学経済学部卒、東京大学大学院総合文化研究科博士後期課程修了。博士（学術）。獨協大学法学部准教授。

主著に『共和制の理念——イマヌエル・カントと18世紀末プロイセンの「理論と実践」論争』（法政大学出版局、2018年）。

カントの政治哲学入門《せいじてつがくにゅうもん》——政治《せいじ》における理念《りねん》とは何《なに》か

2018年2月9日　第一版第一刷発行
2024年2月22日　第一版第二刷発行

著　者　網谷壮介
発　行　有限会社 白澤社《はくたくしゃ》
〒112-0014　東京都文京区関口1-29-6　松崎ビル2F
電話 03-5155-2615／FAX 03-5155-2616／E-mail：hakutaku@nifty.com
発　売　株式会社 現代書館
〒102-0072　東京都千代田区飯田橋3-2-5
電話 03-3221-1321㈹／FAX 03-3262-5906

装　幀　装丁屋 KICHIBE
印　刷　モリモト印刷株式会社
製　本　鶴亀製本株式会社
用　紙　株式会社市瀬

 ISBN978-4-7684-7969-8